ウチではこうやってます！

自治体職員
現場のお悩み
解決Q&A

静岡県市町行財政総合相談窓口

ぎょうせい

相談窓口」を平成29年4月に立ち上げました。これまで県内市町を
じめ、一部事務組合を含めた各団体から延べ600件を超える様々な相
を受け、共に解決策を考えてきたところです。

また、窓口に寄せられた相談のうち、どの団体でも遭遇し得る汎用性
高い事例に対する考え方や対応方法（アドバイス）等を「市町行財政
イドブック」として取りまとめ、県内市町と内容を共有してまいりまし
。

このたびの出版に当たっては、公表済みの事例を改めて見直したほ
、新たな事例を追加し、これまでの取組の集大成になったと自負して
ります。

本書の作成に当たって御助力・御支援いただいた全ての皆様に対し、
の場を借りて心より御礼申し上げます。

年6月に答申が出されました第32次地方制度調査会では、人口減
深刻化し高齢者人口がピークを迎える2040年頃から逆算し、顕在
る諸課題に対応する観点から、必要な地方行政体制のあり方につい
査審議が行われました。その結果、目指すべき地方行政の姿として、
行政のデジタル化や公共私の連携と並び、地方公共団体の広域連携、
ては都道府県による市町村の補完・支援の役割の強化について指摘
ているところです。

えて、新型コロナウイルス感染症の拡大により、感染症防止対策や
対策のための歳出増及び税収減による財源不足への対応など、地方
団体の行財政運営が一層厳しくなりつつある中、都道府県と市町村
より一層連携して、これらの課題を克服し、難局を乗り切る必要が
ます。

書が、日頃の業務で悩む皆様にとりまして、課題解決の一助となれ
です。

12年12月

静岡県市町行財政総合相談窓口

はじめに

平成は、地方分権改革の時代であったと言われています
衆参両院の「地方分権の推進に関する決議」（平成５年
まった第１次地方分権改革では、国と地方の関係が上下・
ら対等・協力の関係に変わり、機関委任事務制度の廃止や
る基本ルールの確立により、地方分権型行政システム（住
的で総合的な行政システム）が構築されました。
また、第２次地方分権改革では、国の個々の法令を見
多くの個別の事務・権限について、規制緩和（義務付け
し）や権限移譲（国から都道府県、都道府県から市町村
ました。
こうした取組により、地方全体に共通する地方分権の
が確立し、地方公共団体について、自治の担い手として
われたところです。

一方、市町村の自立、役割分担、対等協力の関係、
権に欠くべからざる要素を、都道府県も市町村も厳格
相互の連携・協力関係は希薄になりかけていました。
しかし、住民ニーズが高まり、市町村の仕事が増え
する中、市町村職員の中には、実務上の不安がある、
い新事態が発生してどう対処したらよいか迷うなど、
するケースもありました。
そのようなときに、選択肢の一つとして県にも相談
の状況及び具体的な対応事例などを知り、県と一緒に
法を探る、あるいは意見を交換することで、不安を
するという方法も有効ではないか？
このような考えのもと、静岡県と県内全35市町と
住民に対する行政サービスをより効率的に提供して
およそ分野を問わず、いかなる市町の相談も引き受

目　次

第1章　行政一般

第2章 議会・選挙

第3章　地方公務員

第5章 交付税・地方税

凡　例

本文中下記の法令については、以下のとおりの表記とします。

日本国憲法	憲法
地方自治法	自治法
地方自治法施行令	自治法施行令
地方公務員法	地公法
住民基本台帳法	住基法
住民基本台帳法施行令	住基法施行令
住民基本台帳法施行規則	住基法施行規則
公職選挙法	公選法
国家賠償法	国賠法

＊なお、本書における「本県」は静岡県を指すものです。

第1章
行政一般

1 地方公共団体の区域

●住居表示

Q1 字の区域の変更

現在宅地造成を行っている区域があり、市が施工業者より字の区域の変更を求められた。字の区域の変更の必要性について、「大規模な宅地造成、飛地の整理など市町村の行政上の必要がある場合」という考え方があるが、市としては、次の点について確認したい。

【質問１】 大規模な宅地造成とは、どの程度の規模か。また、行政上の必要とは、どのような場合か。

【質問２】 業者からの申し出に応じて、市として、字の区域の変更をすべきか。

●関係法令

自治法 260 条

A 市町村の区域内の町や字の区域を新たに画したり、廃止したり、字や町の区域や名称を変更することは、住民生活にも様々な影響があることから、自治法 260 条では、これらを行う場合には、市町村長が市町村議会の議決を経てこれを定め、告示しなければならないものとされています。

● 質問１について

どの程度の規模の宅地造成が「市町村の行政上の必要がある場合」に当たるかの具体的な基準は特にありませんが、宅地造成を行ったのちに、字の区域の変更を行わなかった場合、現地の街並みが大きく変わり、旧字のままでは外部から非常に分かりづらい、あるいは地区の特定がしづらいなど、地区の住民の日常生活に著しい不便を生み、それが社会通念上受忍しがたい程度のものである場合は、字の区域の変更の必要性があると考えられます。

● 質問２について

字の区域の変更は、市町村の判断により行うものであることから、「業者からの申し出があったから」との理由でこれを行うことは不適当であると考えます。申し出に基づき、当該地の状況等を確認した結果、字の区域の変更を行うことが必要と判断する合理的理由が自治体としてあるのであれば、字の区域の変更を行うべきと考えます。

●住居表示

Q2 町の名称変更

現在、市内で土地区画整理を行っている区域がある。土地区画整理後、対象区域について、街区方式による住居表示を実施し、町の名称を変更することを検討している。そこで次の点について確認したい。

【質問1】　町の名称変更について、「市にあっては現在又は将来市街地となる区域は、これを「町」とし「○○町」、「△△○丁目」といった名称を選ぶのが適当」という考え方があるが、現在又は将来市街地となる区域は、どのような地域か。土地区画整理を行った区域は対象となるのか。

【質問2】　新設する町の名称は、必ず「○○町」、「△△○丁目」とすべきか。

【質問3】　町名の一部にカタカナを使用することは差し控えるべきか。

●関係法令

住居表示に関する法律

A ● 質問1について

住居表示に関する法律（以下「法」という。）には、住居表示を実施すべき「市街地」の定義は規定されていないことから、市街地の具体的な認定は市に委ねられています。

市街地の参考基準としては、総務省統計局が昭和55年国勢調査で示した人口集中地区について、「市町村の区域内で人口密度の高い区域が互いに隣接して、その人口が5,000人以上となる地域」という考え方があります。

そこで、当該対象地域がこの人口集中地区となり得るかどうかを踏まえ、市として住居表示を実施すべきか否かを判断することも考えられます。

● 質問2について

法5条2項には、街区方式により住居表示を実施する場合、名称はできるだけ従来の名称に準拠して定めなければならないとされているのみであることから、必ずしも「○○町」、「△△○丁目」としなければならないことはありません。

しかし、住居表示は地区の名前であり、それは地区の看板、あるいは「顔」ということもできるわけですから、地区の内外の方々にとって、できるだけ読みやすく、かつ簡明なものにしなければならないことに留意が必要であると考えられます。

● 質問3について

町の名称に使用する文字について、法律上、特に制限はないため、カタカナを使うことも可能であると考えられます。

●住居表示

Q3　住居番号の枝番の付番

当市のある地域（街区方式による住居表示実施済）において、複数の住居が同じ住居番号となっているため、郵便物の誤配等のトラブルが相次いでいる。

その場合に、どのような対応を取るべきか。

●関係法令

住居表示に関する法律2条、4条、12条

A「住居の表示を合理的な分かりやすいものとし、公共の福祉の増進に資すること」を目的とする住居表示の趣旨を踏まえると、枝番の付番による対応について検討すべきではないかと考えます。

●　住居表示に関する法律

「住居表示に関する法律」は、町名・地番が混乱して分かりにくい住居の表示を合理的な分かりやすいものとするため、合理的な住居表示の制度を確立し、公共の福祉の増進に資することを目的として、昭和37年に制定されました。

同法2条により、住居表示には、「街区方式」と「道路方式」のいずれかの方法によることと定められています。

⑴　「街区方式」とは

町及び字の区域を道路、鉄道、河川等で区画した場合におけるその区画された地域（街区）につけられる符号（街区符号）及び街区内にある建物その他の工作物に付けられる番号（住居番号）を用いて表示する方法です。この場合の住居表示の例としては、○○市○○町1番2号、○

○市○○３丁目４番５号などとなります。

⑵ 「道路方式」とは

道路に名称を付け、その名称と、その道路に接し、又はその道路に通ずる通路を有する建物その他の工作物に付けられる住居番号を用いて表示する方法です。この場合の住居表示の例としては、○○市○○通り15号となります。

● 「街区方式」の場合の住居番号の付番

市町村の中心に近い街区の角を起点として、原則として右回りに街区の境界線を一定の間隔（フロンテージ：おおむね10～15ｍ）で区切り、基礎番号を付けて、建物の主要な出入口が接している基礎番号を住居番号とします（「街区方式による住居表示の実施基準」（昭和38年７月30日自治省告示第117号））。

この場合、本件のケースのように、複数の建物の出入口が同じ基礎番号と接している場合は、同じ住居番号を付けることになり、住所表記が同じとなります（（図１）において、２番３号の２軒と、２番11号の４軒が同一の住居番号となります。）。

● 枝番の付番

複数の建物が同一の住居番号となり、住所表記が複数の建物で同一となると、郵便物の誤配等、日常生活において様々なトラブルが生じる可能性があります。

この状況を改善させる手法として、住居番号に枝番を付番することが考えられます。住居表示の実施基準については、同法12条に基づき、上述の「街区方式による住居表示の実施基準」により、技術的基準が定められていますが、枝番に関する規定はありません。

同法４条において、「街区符号、道路の名称又は住居番号をつけ、変更し、又は廃止する場合における手続その他必要な事項は、市町村の条例で定める。」と規定されているため、全国多くの自治体において、自治体独自の判断（条例もしくは条例で委任された長が別に定める事項）により、住民からの申請に基づき、住居番号に枝番を付している例が見受けられます。

枝番の付番の例としては、(図２)における２番３号－１、２番３号－２、(図３)における２番11号－１～４とするのが一般的と考えられます。

なお、枝番を付番した場合には、当該住居の居住者は実際に引っ越しが伴わなくても、住民票を始めとする様々な住所の変更手続きが必要になります。

図１

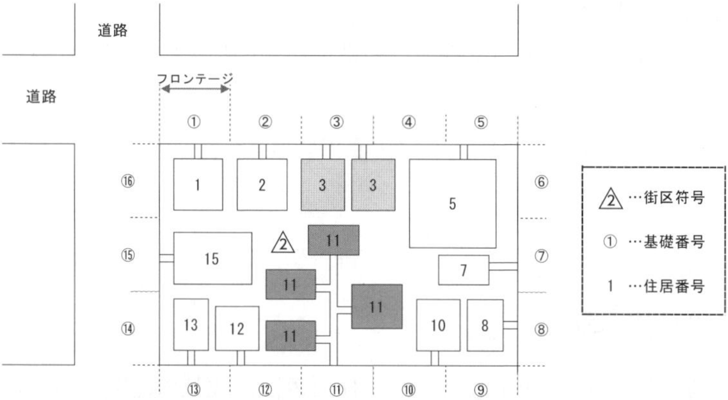

図２

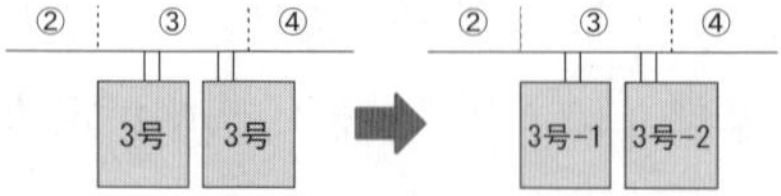

図３

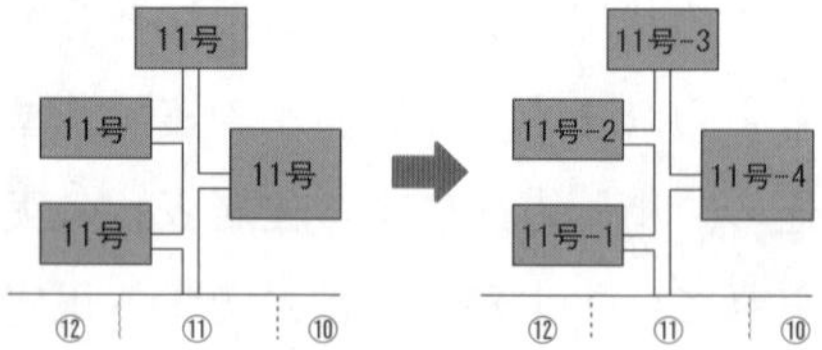

2 条例

●自治基本条例

Q4 自治基本条例の位置付け

近年、「自治基本条例」を制定する自治体が増えてきているが、その意義は何か。

また、自治基本条例の機能として、自治法による首長トップダウン型の行政活動に対して、ボトムアップを実現するような機能を持たせ、長の権限の一部を住民に移すことはできるか。

●関係法令

自治法14条1項、147条～149条

A● 自治基本条例とは

自治基本条例には確立した定義はなく、一般的には、自治体運営の全般にわたり、その基本となる理念や原則等を定める条例とされています。近年、多くの自治体で、「自治基本条例」や「まちづくり基本条例」などの名前で、様々な内容の条例が制定されています。

平成12年の地方分権一括法の施行を受け、国と地方の関係が上下・主従関係から対等・協力関係になるとともに、国から地方へ権限や財源の移譲が進む中、自治体は自らの判断と責任により運営することが求められるようになりました。

こうした地方分権改革の進展に伴い、自治体は、住民自治の拡充を図り、住民意思を行政に反映させる仕組みとして、自治基本条例が全国各地域で制定されるようになったと考えられます。

●　自治基本条例の意義

⑴　自治基本条例の内容

自治体によって差異はありますが、主に、行政運営の方向性、住民の権利、首長・議会・職員等の責務、住民参加の手続、住民投票の手続、他の施策・条例との関係等、が規定されていることが多いようです。

⑵　自治基本条例の位置付け

自治基本条例の位置付けとして、「自治運営の基本（的事項）を定めるものであること、住民自治に立脚した住民活動とそれに対する保護又は保障を定めていること、自治の土台を支えるスタンダード（標準仕様）を目指していることといった特徴がある」とされています（松本英昭著『新版逐条地方自治法第9次改訂版』（学陽書房）220頁）。

なお、自治基本条例について、自治体内の他の条例の上位条例として、「自治体の憲法」のような性格、いわゆる「最高規範性」を持たせようとする自治体もあります。ただし、法律の、条例に対する優位の原則から法律に反する規定を持つ条例は制定できません（自治法14条1項）。

⑶　本ケースの場合

そのため、本ケースのような、自治基本条例により、同法147条から149条に定められた（自治体の統括・代表、事務の管理・執行、議案の提出、予算の調整・執行など、幅広い権限が付与されている）長の権限を住民に対して権限移譲するような条例は定められないものと考えられます。

3 地方公共団体の機関

Q5

●行政組織

戦略的組織のあり方、総合戦略担当職の配置

首長の意向により、自治体行財政を統括し総合戦略を取りまとめる部課長級の職を設置する自治体が増えている。このような職を設置する場合、留意すべき点はあるか。

●関係法令

自治法141条2項、166条2項

A ● 部局（課）横断的な総合戦略担当職の設置

首長の意向に基づき、標記のような一般職を市の部長ポスト、町の課長ポストなどで設置し、自治体の部局（課）横断的で総合的な戦略を指揮し、とりまとめを行わせる組織のスタイルが近年、増えています。

副市町長を複数置く場合、そのうちの１人にこのような総合戦略担当職を兼務させ得るかが議論されることもありますが、特別職は一般職を兼務できないため（自治法166条２項で準用する同法141条２項）、特別職とは別に、このような一般職を設けることとなります。

● 総合戦略ポストを設置するメリット

このポストのメリットは、庁内が縦割り行政に陥り部局（課）間の連携・協働や情報共有がおろそかになる弊害を避け、住民に効果的・効率的なサービスを提供できるようにする点にあり、このようないわば「横串」を刺す総合戦略ポストの導入は組織的に行政上、一定の効果があると言い得ます。

●　留意すべき点

⑴　特別職との役割の違い

副市長、副町長、副村長を２人～３人制としている場合、この副市町村長の複数制と上記ポストの関係が、実は重要となります。また、あくまで上記ポストは一般職の職員ですから、特別職である副市町村長とは自ずとその具体的な役割が異なる点（法令上の制約も含め）にも注意は必要です。

⑵　情報集積のアンバランス

この総合戦略ポスト（首長補佐官、戦略担当理事、政策統括官など）には、当該自治体の全ての部局（課）から政策・施策等の情報が入ります。さらにこのポストには通例、首長の信頼が極めて厚い一般職員があたることになり、首長から直接指示され協議される機会も多いと言われます。

一方、副市町村長を複数制にした場合、各々の所管分野を規則で定める担当部局（課）制となりますから、ともすれば総合戦略ポストの一般職員に首長と同じ全ての情報が入り、副市町村長には所管部分しか入らないという、情報集積のアンバランスが生じ得ます。

●　課題解決のための工夫

上記のとおり、留意すべき点もありますが、組織は人が創るものですから、いかようにも工夫ができます。定期的に又は随時、副市町村長同士、又は総合戦略ポスト、さらには首長まで交えた情報共有や政策協議の場を設ければ、この課題は解決します。

住民のため常時効果的・効率的に進めるべき行政経営に、政策・施策の情報共有は不可欠です。組織の縦割りを解消し、庁内のどの職位にある職員も住民に向けて機敏に活動できるよう、常に知恵と工夫が必要です。

Q6 第三者機関の設置に関する整理

近年、首長の意向により設置されることの多い、いわゆる第三者機関（審議会、調査会、○○会議等）と言われる機関の法的な性格と、設置の根拠、構成員の委員等の身分について伺いたい。

●関係法令

自治法138条の4第3項、202条の3第2項、地公法3条3項2号

A 第三者機関という呼称は法律用語ではなく、各自治体において、様々な形式があるようですが、「附属機関」と「任意の機関」の大きく2つに分類できます。

●「附属機関」とは

(1) 附属機関の意義と職務

① 意義

法律又は条例の定めるところにより、執行機関の附属機関として、審査会、審議会、調査会その他の調停、審査、諮問又は調査のための機関を置くことができるとされています（自治法138条の4第3項）。

附属機関は基本的には執行機関のように対外的な業務を直接行うのではなく、執行機関の判断や決定を行う際に、専門的あるいは住民の意見を反映した形での意見や助言をする機能を持ち、執行機関の判断の公正性、正当性を補強する役割を持つとされています。

ただし、法律で設置される附属機関の中には、長等の執行機関が行った処分について不服がある場合に審査請求を受理して審査会自体が裁決等の行為を行うなど、対外的に独立して権限を行使するものもあります

（都市計画法に基づく開発審査会、建築基準法に基づく建築審査会等）。

②　職務

附属機関の基本的な職務となっている執行機関への答申には、一般的には法的拘束力はありませんが、執行機関はこれを尊重して行政判断をする旨、法律や条例に明記されているのが通例です。

例えば、情報公開条例に基づき自治体独自に設置されている情報公開審査会（附属機関）は、執行機関の非開示処分に対する住民の不服申立ての内容を審査し、その結果を長等の執行機関に答申しますが、条例の規定により、執行機関ではこの答申を尊重して不服申立ての決定をするものとされています。

⑵　附属機関設置の根拠

附属機関には法律で設置されるものと自治体が独自に条例で設置するものがあります。

①　法律で設置される附属機関について

直接法律でその名称、委員定数、委員選任の対象等などが規定されているもの（開発審査会等）もありますが、一般的には法律で設置根拠及び職務範囲だけを規定して、その名称、委員定数、任期など組織及び運営に関する事項については、条例に委ねているものが多い傾向にあります（国土利用計画法、社会福祉法等に基づく審議会等）。

②　条例に基づく附属機関

自治体独自の条例による施策運営に関して審査、調停などを行うために設置されるものです。設置根拠のほか、職務権限も条例で規定されることになります（自治法202条の３第１項）。

よって、当該委員会等の設置根拠が規則や要綱等で設けられているのみで法律又は条例に設置根拠がない場合は、「附属機関」には該当しません。

⑶　附属機関構成員の委員等の身分

①　身分について

執行機関の附属機関の委員又は構成員は、自治法202条の３第２項に基づき非常勤とされ、地公法３条３項２号に該当するため特別職の非常勤職員となります。

参考までに、同じく地公法３条３項２号に該当する職としては、上記のほか、法令などにより設けられた「執行機関」である委員、委員会で臨時又は非常勤のものが考えられます。「執行機関」は本問で取り上げられている第三者機関ではなく、行政権限の行使を付与される行政機関であるため、必ず法律によって設置され、政令、省令、条例、規則などの法律以外の法形式で設置されることはありません（橋本勇著『新版逐条地方公務員法第４次改訂版』（学陽書房）64頁）。

②　構成員（委員等）に報酬を支払う場合

「附属機関」の委員等の場合は、地公法３条３項２号に規定する特別職非常勤職員となることから、委員報酬は各自治体が特別職非常勤職員の報酬を定める「条例」に基づき支払うことになります。

●　「任意の機関」とは

⑴　任意の機関の意義と職務

①　意義

任意の機関を設置する場合は、単に執行機関の参考として検討を依頼するためのものであり、附属機関とは明確に区別されます。

②　職務

通常、“任意”の機関であるので法的拘束性を有さず、首長又は自治体としてはこの機関が発する答申、意見、提言及び調査報告等の内容を執務の参考とすることは可能ですが、それ以上の拘束力はそもそも存しません。

⑵　任意の機関設置の根拠

附属機関とは異なり、法律や条例により設置するのではなく、要綱、要領等を根拠に、自治体が任意に外部有識者や住民を委員として、計画策定委員会や検討会等として設置されるものです。

⑶　任意の機関構成員の委員等の身分

①　身分について

任意の機関の委員又は構成員は、地公法３条３項２号の特別職非常勤職員には該当せず(注１)、同項３号の特別職非常勤職員(注２)に該当しない場合は、基本的には単に委託又は依頼による委嘱として整理し、地方公務員としての身分は有さないと考えられます。

②　構成員（委員等）に報酬を支払う場合

「任意の機関」の委員等については、地公法３条３項３号特別職非常勤職員に該当する場合は、各自治体が定める「条例」に基づき支払うことになり、地方公務員として任用しない場合は、基本的には別途、要綱などを整備して、職務に応じた適正な報償費を支払うこととなります。

自治体としては、こうした前提を踏まえ、必要に応じて上記に分類される第三者機関を活用することが有効です。

（注１）　本号は条文では「地方公共団体の規則若しくは地方公共団体の機関の定める規程により設けられた委員及び委員会（審議会その他これに準ずるものを含む。）の構成員」とありますが、本号の「委員及び委員会の構成員」は、執行機関または附属機関の委員及び委員会の構成員に該当しないものは、本号に該当しないとされています（橋本勇著『新版逐条地方公務員法第４次改訂版』（学陽書房）65 頁）。

よって、要綱等で設置されている任意の機関（附属機関に該当しないものに限る）の委員又は構成員は含まないことになります。

（注２）　本号に規定する特別職非常勤職員に該当するか否かについては、平成 29 年に改正された地方公務員法（令和２年４月１日施行）により、以下の全ての要件に該当する職に限定されたところですので、改正法の趣旨を踏まえて慎重に判断すべきものです。

要件は、①専門的な知識経験又は識見を有すること、②当該知識経験等に基づき事務を行うこと、③事務の種類は、助言、調査、診断又は総務省令で定める事務であること、の３つです（平成 30 年 10 月 18 日総行公第 135 号ほか総務省公務員部長通知、会計年度任用職員制度の導入に向けた事務処理マニュアルの改定について（通知）、マニュアル 12 頁より）。

●行政組織

Q7 市町村長及び副市町村長が不在の場合の職員の任用等

当町の町長は3月上旬に任期を満了するが、統一地方選に関する特例法により、任期満了後の選挙であっても、4月下旬の町議選挙と同日に行うことが可能となっている。

しかしながら当町においては、現在、副町長が空席であるため、仮に統一地方選挙により町長選を町議選と同日にした場合、町長と副町長が1か月以上不在となる事態が生じる。

さらに、「○○町長の職務を代理する職員を定める規則」（以下「職務代理者規則」という。）により、次順位の町長職務代理者は総務課長であるが、総務課長も今年度末で定年退職となる。

こうした状況で、町長等（副町長、総務課長を含む。）が不在となることについて、人事異動や退職、新規採用職員の任命行為等の事務に支障をきたさないようにするにはどうしたらよいか。

●関係法令

自治法152条2項

A 町長及び副町長が欠けた時は、自治法152条2項の規定により、町長が指定する補助機関の職員が職務代理者となります。

しかし、同条2項の規定による職務代理者の指定をしていないとき、又は指定した職員が欠けた場合は、同条3項の規定により、補助機関の職員の中から普通地方公共団体の規則で定めた上席の職員が長の職務を代理することとされています。

その場合、職務代理者規則の規定により、総務課長、○○課長、…の順で補助機関の職員が職務代理者となります。

●　職務代理者の権限

「長の職務の代理」とは、「市町村長の職務代理者であることを明示して、自己の名をもって、……市町村長の職務権限に関する一切の事項を処理し、その行為自体は代理者の行為であるが、その行為の効果は……市町村長が行ったのと同じ効果を生ずること」とされます（松本英昭著『新版逐条地方自治法第９次改訂版』（学陽書房）540 頁)。したがって、職務代理者が長の職務を代理し得る範囲は、原則として普通地方公共団体の長の職務権限のすべてに及ぶものと解されます。

また、「職務代理者は、普通地方公共団体の長の補助機関その他の職員を任免する権限がある」とされています。ただし、副市町村長又は会計管理者の職については、「普通地方公共団体の長と特別の密接な信任関係に立つべきものであるから、職務代理者が選任することはできない」ものとされています（前掲書 543 頁)。

●　本ケースの場合

以上のことから、町長、副町長が一時的に不在になったとしても、町長が指定する職員がいる場合はその方が職務代理者となり、町長が指定する職員がいない場合又は指定した職員が欠けた場合は、職務代理者規則で定める順序で、補助機関の職員が町長の職務を代理することとなります。

したがって、本ケースのように仮に町長、副町長及び総務課長が欠けたとしても、さらに次順位の○○課長、……の順で町長の職務を代理することになります。また、現総務課長が年度末で定年退職となる場合であっても、新年度に就任する新たな総務課長が職務代理者となることもできます。

そして、その職務代理者が、人事異動や任命行為等を執り行うことについて、何ら法的な問題はないと考えられます。

Q8 副市長の市出資団体への兼業

現在、新会社（株式会社）を設立すべく、官民連携で協議を進めている。なお、当市の新会社への出資比率は、全体の２分の１未満の範囲を想定している。

新会社の代表取締役に、本市副市長を就任させるには、過半数以上の出資が必要か。なお、将来的に市と新会社は民法632条規定の「請負」の関係性になることが予想されている。

●関係法令

自治法142条、166条２項、自治法施行令122条

A 市の新会社に対する出資比率や新会社の市に対する請負量を参考に兼業の可否を判断する必要があります。

● 長の兼業の禁止について

長の兼業禁止については、「普通地方公共団体の長は、当該普通地方公共団体に対し請負をする者及びその支配人又は主として同一の行為をする法人（当該普通地方公共団体が出資している法人で政令で定めるものを除く。）の無限責任社員、取締役、執行役若しくは監査役若しくはこれらに準ずべき者、支配人及び清算人たることができない。」と規定されています（自治法142条）。なお、この規定は、副市町村長においても準用されます（同法166条２項）。

同法142条に規定する「当該地方公共団体が出資している法人で政令で定めるもの」とは、当該普通地方公共団体が資本金、基本金その他これらに準ずるものの２分の１以上を出資している法人を指し（同法施行

令122条)、長の兼業禁止規定の適用が除外されます。

●　兼業に当たるかどうかの判断

本ケースのように出資額が2分の1未満である場合は、当該法人が「主として同一の行為をする法人」に該当するか否かを市において判断することになります。

⑴　「主として同一の行為をする法人」とは

最高裁判例では、「「主として同一の行為をする法人」とは、当該普通公共団体等に対する請負が当該法人の業務の主要部分を占め、当該請負の重要度が長の職務執行の公正、適正を損なうおそれが類型的に高いと認められる程度に至っている場合の当該法人を指すものと解すべきである」とされています（松本英昭著『新版逐条地方自治法第9次改訂版』(学陽書房）359頁)。

⑵　判断の目安

一般的な目安としては、市に対する請負量が、当該法人の全体の業務量の半分を超える場合は兼業禁止に当たるものと考えられます。

なお、市に対する「請負量が、当該法人の全体の請負量の半分を超えない場合であっても、当該請負が当該法人の業務の主要部分を占め、その重要度が長の職務執行の公正、適正を損なうおそれが類型的に高いと認められる程度にまで至っているような事情があるときは、当該法人は「主として同一の行為をする法人」に当たる」場合もあります（前掲書359頁)。

●　本ケースの場合

したがって、今回のケースでは、副市長を新会社（株式会社）の代表取締役に就任させるに当たり、当該法人が、市との請負において「主として同一行為をする法人」か否か、上記を参考に判断する必要があります。

また、仮に「主として同一の行為をする法人」に該当しないとしても「代表取締役」としての職務が、本来の副市長業務に支障をきたさないよう十分留意するべきと思われます。

●監査委員

Q9　定数が欠けた状態における監査の実施

ある一部事務組合の監査委員については、組合の議員選任の者と知識経験を有する者の２人で構成されている。このうち組合の議員であるＸ氏が町議会議員選挙で落選したため、任期満了し、現在、組合の議員選任の監査委員が不在の状態にある。

現在の状況で前年度決算の会計監査を行うに当たり、次の質問について御教示願いたい。

【質問１】　代表監査委員１人（知識経験を有する者）で決算監査を行うことはできるか。

【質問２】　自治法197条ただし書（後任者が選任されるまでの間はその職務を行うことを妨げない。）により、Ｘ氏を監査委員職務執行者とすることは可能か。

【質問３】　組合の議会の同意なしに、別の組合の議員を監査委員とみなすことはできないか。

●関係法令

自治法179条、196条１項、197条

A●　質問１について

監査委員の任期について定める自治法197条は、「監査委員の任期は、（中略）ただし、後任者が選任されるまでの間は、その職務を行うことを妨げない」とあります。このただし書について、監査委員としての身分を失った者が例外的に、監査職務執行者としてその職務権限をすべて行使し得るとするものです。

このことについて、「元来、監査委員の職務を行う者が一人もいなくなるような事態を避けるために設けられたものであり、したがって、他に監査委員が在住する場合においては、特別の必要がない限り、適用されるべきではない（行政実例昭和26年7月11日）」（松本英昭著『新版逐条地方自治法第9次改訂版』（学陽書房）694頁）としており、監査委員一人でも決算監査を行うことを妨げないと考えられます。

しかしながら、「決算審査における意見の決定等の合議については、監査の慎重な実施を期するとともに、監査の社会的信頼を確保するという合議制が採用された趣旨から、緊急性がある場合を除き、監査委員の定数の充足を待って行うことが適当」とも言えます（地方自治制度研究会編著『地方自治法質疑応答集』（第一法規））。

● 質問2について

上記行政実例からは、他に監査委員が在住するため、ただし書は適用されず、X氏を監査職務執行者とすることはできないと解されます。しかし、X氏を監査職務執行者としてその職務に従事させるべきかどうかは、他に監査委員が在住するといえども、監査事務運営上必要があると認められる場合には、職務に従事させるべきであるといえます（行政実例「「職務を行うことを妨げない」の適用関係」昭和32年6月10日自丁行第95号）。

したがって、可能であると言えます。

● 質問3について

同法196条1項より、監査委員の選任には、組合の議会の同意が必要です。一方で、同法179条による一部事務組合の管理者による専決処分については、**Q10**を参照してください。

●専決処分

Q10　監査委員の選任に係る専決処分

ある一部事務組合は、従来は監査委員の選任のため、臨時議会の開催を行っていた。

しかしながら、本臨時議会については他に議題がなく、監査委員を選任するためだけに組合議員を集めることとなる。そのため、議会を招集せずに自治法179条による専決処分により、監査委員を選任し監査を実施することは可能か。

●関係法令

自治法179条

A　監査委員の独立性の確保を踏まえた上で、長が専決処分により、監査委員の選任を行うことについては慎重に判断すべきです。

●　専決処分の条件

普通地方公共団体の長により専決処分できる議案の条件は、以下のとおり規定されています（自治法179条）。

①議会が成立しないとき

②自治法113条ただし書の場合においてなお会議を開くことができないとき

③普通地方公共団体の長において議会の議決すべき事件について特に緊急を要するため議会を招集する時間的余裕がないことが明らかであると認めるとき

④議会において議決すべき事件を議決しないとき

当該案件については上記条件のうち③「普通地方公共団体の長におい

て議会の議決すべき事件について特に緊急を要するため議会を招集する時間的余裕がないことが明らかであると認めるとき」にあてはまるかがポイントになります。

同法179条ただし書より、副知事又は副市町村長の選任同意や指定都市の総合区長の選任の同意は、同条本文の規定の適用対象外とされていますが、それ以外の議案に関しては、適用対象と考えられます。

● 本ケースの場合

上記条件に該当する場合、法律上は監査委員を専決処分により選任することは可能です。

しかし、監査委員は地方公共団体が適正に効率よくかつ合法的に行政事務が執行されているか監査を行う立場にあり、長からの独立性が確保されている必要があります。

以上のことから、監査委員の選任を長が専決処分で行うことについては、慎重に判断した方がよいと言えるでしょう。

4 公の施設

●施設管理

Q11 地区の集会所と市町村の関わり

いわゆる地区の集会所は公の施設と言えるか。自治法との関係ではどのように扱われるべきか。また、施設の劣化により事故が生じた場合、どのように対処したらよいか。

●関係法令
自治法244条各項、244条の2各項、国賠法

A ● 地区の集会所の種類

地区の集会所には、その各々の設置経緯から、

①自治体が地域のために公金を投資して設置したもの

②地域の自治会が資金を集め、あるいは住民からの寄附を得て自ら設置したもの

③地域の自治会が住民から古くなった住宅等を借り受け、維持管理しているもの

などがあります。

このうち自治体が設置したもの［上記①のケース］については「公の施設」として、設置、管理に関する事項を当該自治体の条例で定めなければならないでしょう（自治法244条の2第1項）。しかし、その利用実態を見ますと、長年、地区の住民のみが随時使用し、他の地区住民の利用はほとんどなく、町内（会）の集会場所として好まれ、当該自治体の

全ての住民が利用できる状況や環境には到底なっていないものが散見されます。

● 法的な捉え方

この財産を法的にはどう捉え、考えていくのかは、特に集会所が老朽化し建て替え等が必要となった場合、重要な論点となります。

自治体が設置した以上、この集会所は公共用財産であり、当該地区以外の住民も自由に利用できることが本来は前提です。しかし長年、利用の実態が当該地区のみに限られ、地区のみで維持管理が行われた場合は、行政財産として管理するより、用途廃止した上で普通財産とし、将来的には地区（自治会、町内会）に譲渡（基本的に有償）する方向で地区住民と協議するのが現実的でしょう。勿論この場合、自治体による建て替えには、設置目的の公益性の見地から極めて慎重な態度が必要であることは言うまでもありません。

なお、自治体による設置の場合、公の営造物である以上、劣化等に伴う施設の管理瑕疵については当該自治体が責任を負います（国賠法２条１項ほか）。ただし、他に管理費用を負担する者がいれば、その者に損害賠償の責任が及ぶことがあります（同法３条１項ほか）。

●施設管理

Q12 公の施設と公共サービス対価の徴収

公立の保育所、幼保連携型認定こども園は公の施設か。公立病院は公の施設か。

保育所の保育料や公立病院の診療代金は施設の使用料なのか。

●関係法令

自治法236条、244条、244条の2　ほか

A● 公の施設の種類

公の施設には、以下のようなものがあります。

①施設・設備自体を基本的に住民に開放し、有償又は無償でその利用に供するもの（市民会館、スポーツセンター、運動場、都市公園、公民館、図書館など）

②自治体が法令に基づく特定の施策・事業を住民に向け直接施行するために設置されるもの（病院、保育所、幼保連携型認定こども園など）

①の施設の自由な住民利用を前提とするものは自治法が本来想定するところで、施設の使用料を徴収する場合は条例でこれを定め、公債権として利用者に当該使用料を請求することになります。

一方、②については、行政上、法令上の特定目的で、行政が事業主体として住民に具体のサービスを提供するもので、提供されるのは施設というより、医療や保育などサービスの内容そのものです。ですからその対価も施設使用料ではなく、サービスそのものについて請求するものです。

この点、民間事業者が行う私的な有料サービスと実態・実質において

異なるところがないものについては、関係個別法に規定がある場合を除き、公法上の債権と言うよりむしろ私法上の債権と法律構成する方が妥当でしょう（地方公共団体の持つ金銭債権は、税金債権をはじめとする公債権と、私債権とがあり、前者は自治法236条の適用を受け、後者は民法の適用を受けることとなります。）。

● 本ケースの場合

⑴ 保育料

保育料については平成27年4月1日の子ども･子育て支援法の施行に伴う児童福祉法の一部改正により、同法の保育料の徴収根拠規定が削除されたため、公立保育所の使用料徴収に関する規定は自治体の条例で定めることとなります。この使用料は租税債権と同様の公債権として処理されますから、保護者が保育料を滞納した場合、保育所及び幼保連携型認定こども園については地方税の滞納処分の例によることとなります。

⑵ 病院の診療代金

病院の診療代金については、上記のような個別法の規定がないため、基本的に私法上の契約債権として処理されることとなります（地方公営企業法の全部適用病院についても同様）。これについては、公立病院における診療債権の消滅時効の観点から、議論や判例がありました。

行政実例「市立病院医療費の時効」（昭和34年5月26日自丁行発第73号）は、市立病院における「医療費は、市立病院の行う診療の対価として営造物（現行法では公の施設）の使用料と解されるので、地方公共団体の医療費請求権の時効については、民法170条1号の適用はなく、自治法225条5項（現行法では236条1項）の規定によるべきである。」と解していました。

しかし、判例は、公立病院において行われる診療は、私立病院において行われる診療と本質的な差異はなく、その診療に関する法律関係は本質上私法関係というべきであるから、公立病院の診療に関する債権の消滅時効期間は、地方自治法236条１項所定の５年ではなく、民法170条１号により３年と解すべきだと判示しました(最判平成17年11月21日民集第59巻９号2611頁)。なお、「医師、助産師又は薬剤師の診療、助産又は調剤に関する債権」は、民法の一部を改正する法律（平成29年法律第44号）による改正前の民法では、170条１号により３年間で消滅することになっていましたが、法改正により、職業別の短期消滅時効が廃止され、当該条文は削除されたため、現行の民法では、①債権者が権利を行使することができることを知った時から５年間行使しないとき、または、②権利を行使することができる時から10年間行使しないときに消滅することになります（民法166条)。

⑶　公の施設におけるサービス

このように一口に公の施設と言っても、そこでなされるサービスの内容は実に様々です。サービス内容が法令で明確に規定されているものもあれば、そうではないけれども個々の自治体の重要な施策に位置付け、注力しているものもあります。サービスの目的も内容も明確でありながら、その債権行使の方法が法令で規定されていない場合は、サービスの対価を自治法にいう施設使用料と捉えるよりも、(いわば企業がやりおおせない）サービス提供による私法上の債権として、当該対価を住民に請求するのが妥当と解します。

●施設管理

Q13 公民館と議員の政治活動

議会議員が政治活動報告会を地区の公民館で開催したいと申し出た場合、使用を許可できるか。地域の自治体首長が市（町村）政報告会を開催したい旨申し出があった場合はどうか。

●関係法令

社会教育法、自治法244条各項、244条の2各項

A● 公民館の法的位置付け

公民館は自治法に規定する公の施設であるとともに、社会教育法に基づく教育機関です（同法20条～42条）。したがって、その利用については同法による一定の制約があると言えます。

つまり、公民館を住民の集会その他の公共的利用に供するに当たっても、公民館が行う、住民の実際生活に即する教育、学術及び文化に関する各種事業との一定の均衡を考慮すべきでしょう。そして住民の教養の向上、健康の増進、情操の純化を図り、生活文化の振興、社会福祉の増進に寄与するという（同法20条）、公民館の本来目的に沿ったものであることが望まれるところとなります。

● 議員の政治活動

では、議員の政治活動はどうでしょうか。政治活動報告会は公務員たる議員として重要な活動であり、自治体当局に向けた取組や地域住民への奉仕等、住民生活にとって重要な情報や知識の提供を行う点では、社会教育法及び公民館の目的に沿わないものとは言い難いので、公民館で

の活動報告会は開催できるものと解します（なお選挙運動期間外での投票依頼は、公選法が禁止しています。）。

さらに首長の場合は、その後援会の活動であっても、個人としての政治活動ばかりでなく、自治体行政機関の責任者として様々な実績を住民に説明し、意見や指摘を請う機会としているのが一般的です。これは公民館の設置目的に沿うものと言えましょう。公民館での報告会は開催可能であると解します。

【参　考】

平成27年6月19日 福田昭夫衆議院議員提出による、市町村立公民館を政党又は政治家に貸し出す事に関する質問主意書に対する安倍晋三内閣総理大臣の答弁書

○質問

「社会教育法第二十三条第一項第二号に定める公民館の運営方針『特定の政党の利害に関する事業を行い、又は公私の選挙に関し、特定の候補者を支持すること』には、特定の政党又は政治家に公民館（部屋等）を貸し出すことも禁じているのか。」

○答弁

「社会教育法……第二十三条第一項第二号の規定は、公民館の政治的中立性を確保するために設けられているものであり、例えば、特定の政党に特に有利又は不利な条件で利用させることや、特定の政党に偏って利用させるようなことは許されないが、公民館を政党又は政治家に利用させることを一般的に禁止するものではない。」

●施設管理

Q14 公民館、体育館で業者が行う実演（展示）販売

ある業者が公民館を借りて、新製品のＰＲとともに、実演販売、展示即売会を行いたいと申し出た場合、使用を許可できるか。公の施設である市民（町村民）体育館の一角を同様の目的で使用したいとの申出があった場合はどうか。

●関係法令

社会教育法、自治法244条各項、244条の２各項

A● 公民館の法的制約

公民館の利用に係る法的制約については、**Q13**を参照してください。

● 本ケースの場合

一方で、体育館や集客施設など、上記のような実定法上の制約が少ない施設については、近年は各自治体においても比較的柔軟に解釈されており、各種業者の展示即売会や業界の見本市など、幅広くその使用を認める傾向にあります。

住民の利便とともに各種産業への住民の関心を高め、地域の経済効果を高める、あるいは施設利用自体の実績を増やすなど、自治体としてのメリットも否定しがたいところです。そこで、各施設の法的根拠やそれに伴う制約を見極めながら、施設ごとに是非の結論を出すこととなります。

さらに、各施設の利用のルールについては、時代の変化や住民の利用ニーズの変化等も勘案し、定期的に検証や確認を行うこともまた必要であると言えます。

●施設管理

Q15 市民ホールで行う宗教法人の活動

公の施設である市民ホールで集会及び講演会を開催したいという宗教法人からの使用申込みを、市は拒否できるか。

●関係法令

自治法 244 条各項、244 条の 2 各項

A 公の施設の設置及び管理については条例でこれを定めることとされており（自治法 244 条の 2 第 1 項)、その中で使用の許可や取消し、使用料の額、徴収方法や減免、さらに利用制限等について規定されています。

● 正当な理由のない拒否の禁止

一方、自治法は自治体が正当な理由なくして住民が公の施設を利用することを拒んではならない旨規定しており（同法 244 条 2 項)、あまねく住民に開かれその福祉増進のために供されるという公の施設の趣旨・目的から、使用申込を拒否する正当な理由については厳格に解釈する必要があります。

判例上も、個別具体のケースに応じて判断が異なりますが、一般的には、施設の利用に当たり使用料を支払わない場合、参加者等が収容人員を超える場合、他の利用者に著しく迷惑を及ぼす危険があることが明白な場合、その他当該施設の利用に関する規定に違反して利用しようとする場合などが、拒否する正当な理由と考えられています。

● 不当な差別的取扱いの禁止

さらに、自治法は自治体が住民の施設利用について不当な差別的取扱いをすることを禁止しています(同法244条3項)。ここで何が差別的取扱いに当たるかについては、「一般的には、公の施設の利用に当たり、信条、性別、社会的身分、年齢等により、合理的な理由なく利用を制限したり、或いは使用料を減額する等は、不当な差別的取扱いに該当する」と解されています(松本英昭著『新版逐条地方自治法第9次改訂版』(学陽書房) 1102頁)。

憲法89条は、公の財産を宗教上の組織若しくは団体の使用、便益若しくは維持のため、又は公の支配に属しない慈善、教育若しくは博愛の事業の用に供することを禁止しています。しかし、このような組織や団体又は事業についても常に全ての公の施設の利用を禁じている訳ではありません。公の施設は広く住民の方々の自由な使用を大原則としている訳ですから、宗教法人や慈善事業のため、一般の利用者と同一の条件でこれを使用することは、何ら禁止されるものではありません。

ただし、このような団体等に特に優先使用を認めたり、特別に使用料を減免したりするなど、一般利用者とは異なる特恵的利用をさせることは、宗教法人等に特別な援助を与えることとなるため、許されないと解されます。

●施設管理

Q16 公共施設を有効に管理運営する手法

一つの公の公共施設に複数の行政目的を持たせる場合、管理運営の方法としてどのようなことが考えられるか。

●関係法令

自治法244条各項、244条の2各項

A 公の施設の有効活用の見地から、新たに他の行政目的と施策を付与して住民福祉の向上を図る際、必ずしも指定管理者制度を用いない方が効果的に取り組める場合があります。

● 指定管理者制度を利用した場合の弊害

指定管理者制度では施設の一体的管理運営が前提ですから、指定管理にした以上、自治体は自ら施策の拠点として事業展開する場合も、指定管理者から施設の使用許可を受けなくてはなりません。また、指定管理者の自主事業と自治体の各種施策との調整も、随時必要となります。

● 指定管理者制度を利用しない方法

例えば、自治体が古民家などの寄付を受け、地域振興の拠点的施設とする場合を考えてみましょう。

自治体が移住・定住政策を進め、併せて地域の歴史・文化その他の住民啓発を行うため、寄付を受けた古民家を改修し、啓発事業を地域のＮＰＯ法人等に委託します。施設の管理は自治体が自ら行い、ＮＰＯ法人等は受託事業を行うため施設内に事務局を置き、住民の歴史・文化、その他啓発の拠点とします（この場合、法人等は施設の使用許可を得る必要があります。）。

施設管理は自治体の直営ですから、自らの政策実現のため、当該施設を拠点として、施設への宿泊を含めた移住･定住体験事業を実施します。体験事業メニューには自治体や地元ＮＰＯ法人による歴史・文化、自然観察、環境保全、地域産業の講座を加えるなど、総合的な移住・定住の促進・啓発事業を行います。これは全て、自治体の政策展開として行います。

● 公営施設運営は工夫次第

自治体による施設の直営管理と民間への事業委託の組合わせにより、一つの施設で幅広く、自治体の創意工夫で自らの政策と施策事業のバラエティを拡げつつ管理運営すればよいのです。これが正に施設の「経営」であり、初めから指定管理ありきの施設管理運営にこだわる必要はない訳です。

施策の多様性と時宜を得た政策の実現に向けては、自治体が自らアイデアを搾り考える施策・事業で、自らの公共施設を最大限に活かす方が効果的な場合もあります。公の施設には元々、多額の公的投資がなされています。その管理運営（施設経営）においては、一つの制度に拘泥せず、住民生活の向上のため、知恵と工夫で自治体の戦略水準を高めていきましょう。

●施設管理

Q17 市町村イベントの施行と公共施設の管理責任

市が主催する「秋のまち・里ウォーキング」の当日、コースである市道の歩道部分を参加者が通行中に大量のスズメバチに襲われ、多くの参加者が刺されて数名が入院するに至った。市の責任が問われる場合があるか。

●関係法令

国賠法2条ほか、民法698条

A 市道の管理者は言うまでもなく市長です（道路法16条1項）。そこで、「道路区域内の何らかの構造物件に蜂の巣が存在した場合」「沿道の民家の軒下等に蜂の巣が存在した場合」に分けて検討してみましょう。

●　道路区域内の何らかの構造物件に蜂の巣が存在した場合

構造物件が道路工作物又は附属物（道路法2条1項、2項）であれば、「道路管理者は、道路を常時良好な状態に保つように維持し、修繕し、もつて一般交通に支障を及ぼさないように努めなければならない」（道路法42条1項）ことから、道路維持の一環として市道管理者の責任において蜂の駆除等が必要となるでしょう。これを放置したことで道路の通常有すべき安全性が損なわれているのであれば、国賠法（2条ほか）上の管理責任を問われる可能性があります。

また、巣が市道の占用物件（道路法32条）である他者の所有物にある場合、第一次的には占用者が駆除等を行う義務を負います。しかし、秋という季節柄、蜂が増殖して大量に飛び回っているのに当該占有者の対応が遅れることは許されません。道路管理上の緊急措置として、少なくとも市による緊急事務管理（民法698条）の対応が可能であり、かつ必要とされましょう。

● 沿道の民家の軒下等に蜂の巣が存在した場合

この場合は通常、道路区域外となりますが、「道路管理者は、道路を常時良好な状態に保つように維持し、修繕し、もつて一般交通に支障を及ぼさないように努めなければならない」（道路法42条1項）ことから、当該民家の所有者又は管理者と協議し、駆除等の対応を依頼することになります（一般的な駆除等については市町村の農林関係課や生活環境関係課などに関係窓口があります。）。

民家が空き家の場合や、住人がいても一向に駆除等の対応をしない場合、所有者が特定できても状況がなかなか改善されないことがあります。しかし、当該手続を行う暇《いとま》がない場合、本来、民家の所有者又は住人が行うべき行為で、これらの人々の利益にもなる以上、既述の緊急事務管理（民法698条）として、市が蜂の駆除や巣の除去を行うことも可能であると考えられます。

●施設管理

Q18 公の施設の相互利用における留意事項

公共施設の自治体間における相互利用について、法令上留意すべき事項は何か。また、これを推進する必要性と可能性についてはどうか。

●関係法令

自治法10条２項、244条２項、252条の２、地方財政法28条の２、社会教育法、図書館法

A 自治法では、住民はその居住する地方公共団体から役務の提供を等しく受ける権利を有する一方で、その負担を分担する義務を負うとされています（同法10条２項）。

また、「地方公共団体は、住民の福祉を増進する目的をもつてその利用に供するための施設（これを公の施設という。）を設けるもの」（同法244条）とされており、ここでいう「住民」とは、設置する地方公共団体の住民を指しています。そこでまず、公の施設の典型とも言える、図書館を例に考察してみます。

●　図書館の場合

⑴　図書館の法的位置付けについて

社会教育法９条において、図書館は「社会教育機関」と位置付けられ、必要な事項は別に法で定めるとされています。

上記を受け、図書館法２条において、図書館は「図書、記録その他必要な資料を収集し、整理し、保存して、一般公衆の利用に供し、その教養、調査研究、レクリエーション等に資することを目的とする施設」と

定義され、また同法17条においては「公立図書館は、入館料その他図書館資料の利用に対するいかなる対価をも徴収してはならない。」とされています。

このように図書館法では「住民」ではなく「一般公衆」としていることから、図書館活動は単に生活区域の住民の要求に応じるのみでなく、もっと広い単位、社会公共単位、場合によっては「国民」の学習要求にも応える性格の施設として位置付けられています。

つまり、図書館は公の施設ではあるものの、社会教育機関としての役割から、いわゆる住民応益の埒外に位置する施設であると解されます。

⑵ 相互貸借の直接的根拠などについて

図書館法３条においては「図書館は、図書館奉仕のため、土地の事情及び一般公衆の希望に沿い、更に学校教育を援助し、及び家庭教育の向上に資することとなるように留意し、おおむね次に掲げる事項の実施に努めなければならない」と規定されており、具体的な努力義務の一つとして同条４号では「他の図書館、国立国会図書館、地方公共団体の議会に附置する図書室及び学校に附属する図書館又は図書室と緊密に連絡し、協力し、図書館資料の相互貸借を行うこと」とされています。

また、全国公共図書館協議会は、平成23年度の「公立図書館における協力貸出・相互貸借と他機関との連携に関する報告書」において、公共図書館間での相互貸借が必要な理由として、次の３点を挙げています。

1	各図書館では、予算や収蔵能力等の限界から、利用者が求めるすべての資料を収集しきれないため、他館から資料を借りる必要がある。
2	絶版・品切等によって現在入手できず、特定の図書館のみが所蔵している資料は、その所蔵館から借りなければならない。
3	図書館の規模や利用者の要求が地域によって異なるため、図書館の規模が小さい地域や、図書館は充実していても資料の利用が多い地域では、他の地域の図書館からより多く資料を借りることが必要になる。他方、図書館の資料は常時利用されているわけではないため、利用されていない資料は他の図書館に貸出すことができる。

これらのことから、他自治体の図書館が所蔵する図書の利用については、同法に基づく「図書館の性質」及び「図書館資料の相互貸借の努力義務」を根拠に実施されていると解されます。

●　公の施設の相互利用について

以上、図書館を例に見てきましたが、公の施設の中でも図書館は図書館法において、相互利用の仕組みが法制度的に担保されているという、ある意味特殊な例であると言えます。

しかし、図書館以外の公の施設においても、公の施設の相互利用を行うことで、効率がよい面があると考えられます。

ひとつの自治体で、すべての分野の公の施設を造ったり、あるいは公の施設の内容をより高い水準に揃えることは、極めて困難であり、広域的な見地からはむしろ非効率とも言えます。自治体の垣根を越えた公の施設の相互利用で、広域的な住民利用（住民であるか否かで利用の差別化をしない）を推し進めることにより、住民サービスの面でも、効果的な行財政運営の面でもプラスとなるところがあります。これは住民の負担と応益の広域的見地から、自治体間における「お互いさまの理論」とも言うことができるかもしれません。

●　図書館以外の事例

図書館以外で、公の施設の相互利用について以下のような事例があります。

Ａ自治体には公営の温泉施設はありませんが、公営のスポーツ施設（グラウンド・体育館等）があります。一方、隣接するＢ自治体では、公営の温泉施設はありますが、公営のスポーツ施設はありません。

そこで、Ａ自治体とＢ自治体で「公の施設の相互利用協定」を結ぶことにより、当該各施設のある両自治体の住民が同じ低廉な料金で公の施設を利用することができています。「お互いさま」の相互利用で広域的に住民サービスの向上が図られ、各団体があらゆる公の施設を整備する必要がなくなることで、施設整備費や維持管理費が縮減するという行財政上のメリットも生まれます。

● 相互利用を後押しする制度

このような公の施設の相互利用を行うに当たっては、上記のように自治体間で相互利用協定を結ぶということが一般的と言えますが、法制度的にもこうした取組を後押しする制度改正が近年行われました。平成26年の自治法改正で導入された「連携協約」制度です（自治法252条の２）。

この連携協約とは、「２つの地方公共団体が、議会の議決を経て、連携して事務を処理するに当たっての基本的な方針及び役割分担を定め、双務的な効果を持つ連携の仕組み」であり、あたかも国家間の条約のように、地域の実情に応じて、自治体の事務分担だけでなく、政策面での役割分担等についても自由に盛り込むことができる柔軟な連携の仕組みと言えます。

●指定管理者制度

Q19 指定管理の規定と債務負担、公募の時期

公の施設の設置管理条例中に指定管理に関する規定を入れる条例改正の前に、指定管理者の公募を行うことは可能か。

また、債務負担行為の設定の議決は、公募の後に得てもよいか。

●関係法令

自治法214条、244条の2

A ● 指定管理の規定と公募

公の施設に指定管理者制度を導入するに当たっては、自治法244条の2第3項及び4項に基づき、指定管理者の指定の手続、指定管理者が行う管理の基準及び業務の範囲その他必要な事項を条例中に規定する必要があります。

本ケースの場合、条例中に地方自治法で定める指定管理に関する事項について規定されていないということですから、当該公の施設に対し、指定管理を導入することを地方公共団体として決定していないことになります。

したがって、指定管理者制度導入に関する設置管理条例の改正前に、指定管理者を公募することはできないと解されます。

● 債務負担行為の設定の議決

まず、「債務負担行為」とは、将来にわたる債務を負担する行為を指し、債務負担行為として予算で定めた案件については、義務費として歳入歳出予算に計上されることになります。

そして、将来の予算を拘束する義務負担を定める協定の締結には債務負担の措置が必要とされており、指定管理の指定もこれに該当すると思われます。

よって、「指定管理者が指定されてはじめて、地方公共団体が「債務を負担する」ことになると考えられることから、必ずしも公募の前に債務負担行為を設定する必要はありませんが、指定管理者を指定するまでに債務負担行為を設定する必要があると考えられます」（成田頼明監修『指定管理者制度のすべて　制度詳解と実務の手引【改訂版】』（第一法規）104 頁）ので、指定管理者の指定と債務負担行為の設定とは同じ議会で議決することが通例となります。

●指定管理者制度

Q20 指定管理者の指定に関する議案の修正

長から指定管理者の指定に関する議案が提出されたが、議会としては指定管理期間の設定に疑義があり、長期の指定管理には問題があるとして、より短い期間に修正したい。議会から指定管理期間を修正する議案を提出できるか。

●関係法令

自治法244条の2各項

A ● 議会の権限

公の施設の指定管理者の選定は、住民福祉の増進に向け、指定後数年間の施設経営を事実上決定付けることから、大変重要な作業であり、各自治体とも詳細な選定基準を設けて厳正に手続を行っています。自治体当局はこの手続を経て議案を調製しますので、一連の事務手続は正に当局の責任で行われるものです。

そこで、こうした権限を持たない議会としては、自治法244条の2第3項の指定に関する議案を自ら調製することは制度上想定されておらず、具体の提案権も持たないと解すべきでしょう。こうした議案について議員等が提出する権限を持たない以上、当該議案の修正議案の提出権限もないものと解されます。

● 議会としてできること

同条6項の規定では、当該指定には議会の議決を経ることとされていますから、議会としては議案について賛否を示すところまでであり、議会において当該議案を修正することは想定されていないものと解されます。そもそも公の施設の設置、管理及び廃止は長の担任する事務ですから（自治法149条7号）、この管理に係る事務として指定管理者制度が規定されている以上、指定等に係る事務も、やはり長の専権に属するものと考えられます。

したがって、議会としては、指定期間に問題があり、議案にいう指定管理者に当該期間で管理させることに賛成しがたい場合は、議案を否決することが選択肢ということになると思われます。

●指定管理者制度

Q21 指定管理者の有する権限

ある市では市営の公園及び隣接駐車場の管理を指定管理者に行わせているが、近隣に店舗が少ないため利用者から自動販売機の設置が要望されている。たまたま地元の会社から飲食物の自動販売機を設置したいとの申出があったが、指定管理者であるこの民間会社は、自己の判断でこうした販売機の設置を認めることができるか。

●関係法令

自治法244条の2第3項〜11項

A ● 指定管理者の権限

指定管理者制度（自治法244条の2第3項〜11項）のもとでは、指定管理者は効果的で効率的な公の施設の管理運営のため、適正管理を確保するための規定を整備した上で、指定管理者が利用者に対する公の施設の使用許可権限を行使できるものとされています。

一方、不正使用者を排除するための強制執行に関する手続権限や、使用料が滞った場合の強制徴収など、法令により自治体の長が有する行政処分等の権限については、指定管理者が行うことができないものとされています。

● 本ケースの場合

行政財産は、その用途又は目的を妨げない限度においてその使用を許可することができる訳ですが（目的外使用許可：同法238条の4第7項）、これは行政財産の管理（経営）主体としての本来的権能であり、自治体の長に専属する権限として、指定管理者が行うことができないと解すべきでしょう。このことは、目的外使用許可を出した後でも、当該行政財産について公用又は公共用に使う必要が生じた場合、自治体が当該許可を取り消すことができる（同条９項）点との法制的バランスからも妥当な結論だと思います。

以上のことから、この自動販売機の設置に係る目的外使用の許可は市長の専権に属し、市長がなすべきものと解します。

●指定管理者制度

Q22 指定管理者の指定取消しに関する議決の要否

指定管理者の指定の取消しを行おうとするときには、あらかじめ議会の議決を経る必要があるか。

●関係法令

自治法244条の２第５項・６項・11項

A ● 指定管理者の指定・取消について

地方公共団体は、指定管理者の指定をしようとするときは、あらかじめ、指定の期間を定めた上で、当該地方公共団体の議会の議決を経なければならないこととされています（自治法244条の２第５項及び６項)。

指定管理者が地方公共団体の指示に従わないときその他当該指定管理者による管理を継続することが適当でないと認めるときは、当該地方公共団体は当該指定を取り消すことができるものとされています（同条11項)。

ただし、指定を取り消すことができるのは、指定管理者の責めに帰する事由がある場合であり、指定管理者の責めに帰する事由がないにもかかわらず、指定の期間の途中で指定を取り消すことは法的に想定されていない点に注意が必要です。

● 本ケースの場合

⑴ 議会の議決の要否

そこで本問についてですが、管理者を指定しようとするときは、「あらかじめ、当該普通地方公共団体の議会の議決を経なければならない」（同条６項）とされているものの、指定の取消しについては、「普通地方公共団体は、……その指定を取り消し……」（同条11項）とされているのみで、議会の議決を要する旨は規定されていません。

また、地方公共団体の長が指定管理者に対し行った「指示に従わないときその他当該指定管理者による管理を継続することが適当でないと認めるときは、その指定を取り消し、又は期間を定めて管理の業務の全部又は一部の停止を命ずることができる」（同法244条の２第11項）とされていることから、地方公共団体の長には、その専権として、指定の取消しに関する権限が与えられていると考えられ、指定の取消しを行う前に、議会の議決を経る必要はないものと考えられます。

⑵　実務上必要となりうる手続

ただし、指定の取消しは、行政不服審査法に基づく不服申立てや行政事件訴訟法に基づく取消訴訟の対象となる行政処分であることに加え、行政手続法に規定する不利益処分にも該当することから、聴聞など慎重で適切な手続が求められます。

実際に、当該指定管理者による管理を継続することが適当でないと認めるか否かについては、所管課における検討のみならず、選定委員会における審議や、聴聞の手続を経た上で、当該指定管理者に取消しの通知をするといった手続を行うことになります。

また、当該公の施設の設置管理条例中に取り消した旨の公示を要する規定がある場合には、公示する必要があります。なお、一度議会で指定の議決をした事項であることから、議会に対しては丁寧に説明するとともに、指定の取消しにより利用者等住民への影響も大きいため、広報誌等で広く周知することが適切であると思われます。

●指定管理者制度

Q23 指定管理者制度を導入している病院の利用料金制への移行

指定管理者が管理している病院において、当該病院の診療報酬等の使用料と各種診断書などの発行に係る手数料の両方を利用料金として取り扱い、指定管理者の収入として収受させることはできるか。

●関係法令

自治法225条、227条、244条の2

A ● 使用料・手数料の考え方

普通地方公共団体は、適当と認めるときは、指定管理者にその管理する公の施設の利用に係る料金（利用料金）を当該指定管理者の収入として収受させることができるものとされています（自治法244条の2第8項）。

利用料金は公の施設の利用の対価であり、行政財産の目的外使用又は公の施設の使用に対して、その反対給付として徴収される使用料（同法225条）に相応するものです。

一方で、手数料（同法227条）は、身分証明、印鑑証明など特定の方の要求に基づいて、主としてその方の利益のために行う事務に対し、その費用を償うため又は報酬として徴収するもので、使用料とは法的性格が異なります。

● 本ケースの場合

そこで質問の事例については、各種診断書などの発行は、公の施設たる病院の施設、設備を利用して行われるものではありますが、当該利用に単に付随して、特定の方の要求に基づき、主としてその方の利益のために行う行政事務と言えますので、そのための負担は、別途、手数料の性質を有するものと考えられます。

したがって、この各種診断書などの発行に係る手数料を利用料金として取り扱い、指定管理者の収入とすることはできないものと解されます。

5 国(県)・地方との関係及び地方相互間の関係

●権限移譲

Q24 市町村に移譲された事務に対する県の関与

事務処理特例条例により県から市町村に移譲された事務に対しては、県はどの程度関与ができるか。

●関係法令
自治法252条の17の2　ほか

A ● 事務処理特例条例により県から市町村に移譲された事務とは

自治法252条の17の2により、都道府県は、都道府県知事の権限に属する事務の一部を、条例の定めるところにより、市町村が処理することとすることができるとされています。

これは、地方分権の基本的な見地から、地域の実情や特性に応じて、都道府県と市町村の十分な協議を前提とした上で、都道府県知事の事務を市町村が処理することとする制度です。

● 市町村へ移譲された事務への都道府県の関与

(1) 都道府県の権利

条例により市町村に移譲された事務については、都道府県はその権限を失うこととなり、包括的な指揮監督権や取消・停止権を有しません。

しかし、当該事務の処理は市町村が自己の事務として行うことから、自治法上の都道府県の市町村への関与に関する規定（助言・勧告、是正の要求、是正の勧告、是正の指示等）が適用されます。

そのため、移譲された事務が「自治事務又は法定受託事務」であり、市町村の事務処理に関し、「地方公共団体の事務の運営その他の事項について適切と認められる場合」には、都道府県自らの判断により、市町村に対する「助言・勧告」が可能であり、また、移譲された事務が「自治事務」であり、市町村の事務処理が「法令の規定に違反していると認める場合又は著しく適正を欠き、かつ、明らかに公益を害していると認める場合」には、「是正の要求」が可能です。

⑵ 是正の要求

是正の要求については、同法245条の5により、都道府県知事は、各大臣からの指示があった場合にのみ、市町村に対して是正の要求ができることとされていますが、条例による事務処理の特例制度においては、法令上は都道府県の事務とされている自治事務を、その条例により、市町村が処理するという制度上の建前から、当該市町村の事務処理が違法等の場合には、都道府県は各大臣の指示がない場合であっても、是正の要求ができることとされています（同法252条の17の4第1項）（松本英昭著『新版逐条地方自治法第9次改訂版』（学陽書房）1366頁）。

● 留意すべき点

ただし、これらの自治法の規定は、地方分権における都道府県と市町村の役割分担及び相互の自主性、自立性の尊重を踏まえた最小限の関与の一般ルールですから、これらの規定のみを根拠として都道府県から市町村に助言、勧告その他の要求を行う場合は、関係個別法令の規定も参酌しながら、慎重かつ的確に行う必要があります。同法245条の2の関与法定主義は、関与権の乱用を禁止する趣旨でもあるからです。

※自治法で定める、市町村に対する都道府県の関与の制度については、次頁の表のとおりです（総務省のホームページから）。

表　助言・勧告、是正の要求、是正の勧告、是正の指示の比較

	助言・勧告 (法§245－4)	是正の要求 (法§245－5)	是正の勧告 (法§245－6)	是正の指示 (法§245－7)
権限の主体 (国)	・　各大臣	・　各大臣	－ (都道府県－市町村間に限られる関与)	・　各大臣
(都道府県)	・　都道府県知事 ・　その他の執行機関 (・　各大臣からの指示があった場合 ・　都道府県自らの判断でも可)	・都道府県知事 ・都道府県教育委員会 ・都道府県選挙管理委員会 (・　各大臣からの指示があった場合に限る)	・都道府県知事 ・都道府県教育委員会 ・都道府県選挙管理委員会 (・　都道府県自らの判断に限る)	・都道府県知事 ・都道府県教育委員会 ・都道府県選挙管理委員会 (・　各大臣からの指示があった場合 ・　都道府県自らの判断でも可)
対象事務	・　自治事務 ・　法定受託事務	・　自治事務	・　自治事務	・　法定受託事務
要　　件	・　地方公共団体の事務の運営その他の事項について適切と認められる場合	・　事務の処理が法令の規定に違反していると認めるとき ・　事務の処理が著しく適正を欠き、かつ、明らかに公益を害していると認めるとき	・　事務の処理が法令の規定に違反していると認めるとき ・　事務の処理が著しく適正を欠き、かつ、明らかに公益を害していると認めるとき	・　事務の処理が法令の規定に違反していると認めるとき ・　事務の処理が著しく適正を欠き、かつ、明らかに公益を害していると認めるとき
求めを受けた者の事務	・　法的義務はなく、勧告を尊重すべき義務を負うに過ぎない (解釈) ・　具体的措置内容は地方公共団体の裁量	・　違反の是正又は改善のため必要な措置を講ずべき法的義務 (明文) ・　具体的措置内容は地方公共団体の裁量	・　法的義務はなく、勧告を尊重すべき義務を負うに過ぎない (解釈) ・　具体的措置内容は地方公共団体の裁量	・　違反の是正又は改善のため必要な措置を講ずべき法的義務 (解釈) ・　具体的措置内容についても指示可能で地方公共団体を拘束
求めに従わなかった場合の措置	・　代執行は 不可	・　代執行は 不可	・　代執行は 不可	・　代執行は 可

出典：総務省ホームページ

Column

県から市町への権限移譲（静岡県の事例）

●　静岡県の権限移譲の現状

本県では、平成10年度から７次にわたる権限移譲推進計画を通して、権限・財源・人材の三位一体の権限移譲や、国の地方分権改革に伴う法定移譲事務を市町へ先行して移譲を進めたことなどにより、住民に身近な市町で事務処理が可能となるとともに、住民との近接性を図るなど、権限移譲の当初の目的は一定の水準に到達したものと考えています。

一方、市町からは、現場の負担に見合った財源措置及び人的支援の検証が必要、事務処理件数が少ない事務は、知識やノウハウの蓄積、事務引継ぎが困難といった意見も挙がっています。さらに近時は、人口減少など社会状況の変化に対応するため、広域連携等による効率的な執行体制の構築が強く求められています。

●　権限移譲を推進するための計画

このような社会情勢の変化に応じるため、ふじのくに権限移譲推進計画（第４期）（計画期間：令和２年度～４年度）では、「市町の政策実現のために必要な権限の移譲を進める」を理念として掲げ、その実現を図り、権限移譲を推進するため、「PDCAサイクルを活用し、課題の解消や改善を図る」、「事務執行の支援の強化」、「全体最適を考慮した移譲事務の柔軟な見直し」の３つの方策を盛り込みました。

●　PDCAサイクルを活用した課題等の解消

上記方策の１つ目と２つ目として、前計画で確立したPDCAサイクルを活用し、財政措置や人的支援の支援、研修会やマニュアルの提供、随時の相談受付等の事務執行の支援により権限移譲した事務の課題の解消や改善を図っています。

特に、市町から、権限移譲事務の課題や支障として知識やノウハウ等の事務引継ぎが困難という意見が出ています。そのため、県から市町に提供するマニュアルをはじめとした引継ぎ資料に、市町が求める必要な要素を盛り込むなどマニュアル等の質を向上して、市町に十分な事務引継ぎを行うことにより、事務引継ぎの課題の解消を図っていきます。

●　具体的な見直し

さらに上記方策3つ目の「全体最適を考慮した移譲事務の柔軟な見直し」では、社会情勢の変化に応じて、法改正を含めた事務分野全体像を踏まえて、県と市町の役割分担を柔軟に見直すこととし、その一つとして事務権限の執行主体の見直し（市町からの事務の返還）についても検討するとしたところです。

また、計画には、事務権限の執行主体の見直し（市町からの事務の返還）の基準となる考え方を明記しました。この中では、事務の候補の考え方として、事務処理件数が少ない事務や、広域によるスケールメリットを活かせる事務など、見直しを判断する際に考慮すべき視点として、事務の近接性や住民への影響度などを挙げており、この考え方を基本として、市町と丁寧に議論をしていきます。

●広域連携

Q25 広域的な不法投棄、単独市町村で対応困難な問題への対処

同一業者により一般廃棄物が大量に市域を越えて不法投棄され続け、ある市が指導するとその市内の土地への搬入、投棄を止めるが、隣接の町内に投棄するといった状況が続いた場合、関係市町村としてどのように対処すべきか。

●関係法令

廃棄物の処理及び清掃に関する法律7条〜7条の4ほか、自治法2条5項

A 都道府県と相談の上、関係市町村との連携により、行政訴訟などの法的措置を視野に入れた対応が考えられます。

● 考えられる対応方法

(1) 都道府県との連携

一般廃棄物の処理及び業者への規制、指導は基本的に市町村の業務ですが（廃棄物の処理及び清掃に関する法律7条〜7条の4ほか)、悪質な、しかも市町村の区域を越えて広域的に不法投棄を行う業者への対応は非常に難しいものがあります。

一般的に、広域的な行政課題は、分野を問わず県が関与することができるため（自治法2条5項)、本件についても産業廃棄物対策で多くのノウハウを持つ県に対応策を相談していくことは有益です。

(2) 関係市町村との連携

実際の対応としては、正に広域的な関係市町村の連携が重要です。

① 関係市町村各々の顧問弁護士とも相談の上、随時・適時に関係市町村から当該廃棄物の撤去を文書で要請

これは個別市町村名でも市町村の連名でも結構ですが、当該業者の代表者に直接会い、趣旨を説明し手交するのが適切です。

②　文書通知の回数を重ねながら、各市町村の所轄警察署と協議

本ケースの場合、罰則のある明らかな法令違反ですので、捜査での立件を視野に入れた具体的な相談・協議となりますが、当面の協議は各市町村から各所轄警察署に行えばいいでしょう。

③　現場・処理状況の記録

②と並行して、各市町村は随時廃棄物の撤去・処理状況を確認の上、現場の写真又は動画をこまめに撮影し、行政訴訟など後日の様々な対応に備えます。

●　解決するには

共同対応により違法業者が潔く廃棄物を撤去・処理していけば解決となりますが、長期戦になるほど、関係市町村の全てによる文書での指導、要請の積み重ねは重要です。

業者が一向に撤去・処理に応じないことで、警察による代表者等の逮捕に及んだ場合、既に投棄された廃棄物の撤去・処理自体がさらに遅れるのではないかとの懸念も耳にしますが、まずは法令違反者に対する断固とした法的措置が必要です。これにより、むしろ当該悪質業者の対応が早まることもあります。

●広域連携

Q26 行政事務の委託についての基本的な考え方

自治法上の事務の委託の範囲には、基本的には制約がないと考えてよいか。事務の委託と自治事務との関係について。

●関係法令
自治法252条の14～252条の16

A 法律上、制約はありませんが、事務の委託を行う場合は、業務の効率性や委託による住民への影響を考慮した上で、委託・受託団体で責任の所在や費用負担等を明確にしておくことが必要です。

● 行政事務の委託とは

(1) 意義

事務の委託は、地方公共団体の事務の一部の管理及び執行を、他の地方公共団体に委ねることにより、行政運営の効率化・合理化を図る制度です。地方公共団体は、協議により規約を定め、事務を委託します。事務を受託した地方公共団体が、当該事務を処理することにより、委託した地方公共団体が自ら当該事務を管理執行した場合と同じ効果が生じます。

(2) 事務への責任や経費の負担

当該事務についての法令上の責任は受託した地方公共団体に帰属するため、委託した地方公共団体は委託の範囲内において、委託した事務の執行・管理の権限を失うこととなります。委託事務に要する経費は、委託した地方公共団体が受託した地方公共団体に対する委託経費として予算に計上して負担すべきであり、受託した地方公共団体は、委託事務に要する経費を予算に計上して執行します。その経費の支弁の方法はお互いの規約で定めます。

⑶　事務の委託が可能な団体

事務の委託の主体には、普通地方公共団体のほか、特別区及び地方公共団体の組合（一部事務組合等）があります。事務の委託は、一般的に市町村間、都道府県間のほか、市町村と都道府県の間、普通地方公共団体と一部事務組合等の間でも可能です。ただし、市町村・都道府県間の委託にあっては双方が法令上処理する事務の範囲内であることが求められますし、一部事務組合が受託当事者となる場合、受託事務は当該事務組合の処理する事務と同種の事務範囲にとどまることが必要で、これを超える場合は組合規約の変更が必要となります。

【参　考】

行政実例「事務の委託とその適用法規」昭和 30 年 12 月 16 日

質　問

1　公共土木施設災害復旧事業費国庫負担法に基づく市町村の災害復旧事業について、県が市町村から工事の設計、監督、請負契約の締結、請負代金の支払等を委ねられる場合には、第 252 条の 14 の規定の適用があると解してよいか。

2　適用があるとすれば、同条は、公法行為、私法行為、又は事実行為の区別なく、公共団体相互間における全ての事務の委託についても適用があると解してよいか。

回　答

1について…第 252 条の 14 の規定に基づく事務委託によることもさしつかえないが、私法の契約によることもさしつかえない。

2について…お見込のとおりであるが、私法上の関係については私法契約によることもできる。

⑷　委託の具体事例

事務の委託の実例としては個別法に規定のある公平委員会のほか、住民票等の相互交付、さらにはある組織の職員を全て共同設置することが考えられます。全国的には近年、公営競技の場外発売のような窓口の相互利用に関するものの件数が多くなっているようです。また、消防・救急事務、ごみ処理業務などにも広く活用されており、主として規模の大きな団体に、周辺の小規模な団体が委託するという形態が多いようです。

●　事務委託の課題

では、事務の委託における課題というものはあるでしょうか。

事務の委託は、効率性に優れた共同処理方式である反面、委託団体・受託団体双方において、権限が完全に受託団体に移動する点に懸念が生じる場合があります。委託団体は委託費を支出する一方、当該事務に関して直接、権限を行使することができなくなり、受託団体は一定の委託金収入により当該事務に関する責任を全て負わなければならなくなるからです。実際には、規約において委託団体・受託団体が定期的に連絡会議を開催する旨を定め、情報共有や課題整理の上、必要な対応をしているケースが多く見られます（地方公共団体の事務の共同処理の改革に関する研究会報告書）。

●　本ケースについて

自治体の責務として諸法令に規定されている自治事務を、包括的に他の自治体に委託することは可能でしょうか。

これについて、自治法上の制約は特にないように思われます。

しかし、地域のことは地域で自ら決めるという住民自治の見地に立った議論は必要ですし、地域に根ざした事務、あるいは住民の生命・財産を守る自治事務について、住民との十分な議論がなく、あるいは地域性を十分に考慮しないまま、他の自治体に委託することは施策上一定の危険が伴います。

事務の委託による共同処理を行う場合には、効率性の確保にも留意した上で、委託によるサービスを受ける地域のために、事務の内容等に応じて精緻な仕組みを規約に定め、委託・受託団体双方の不安をきちんと解消していくことが肝要です。

【参　考】

表　地方公共団体の広域連携の仕組み

共同処理制度	制度の概要	自治法根拠
連携協約	地方公共団体が連携して事務を処理するに当たっての基本的な方針及び役割分担を定めるための制度	252条の2
事務の代替執行	地方公共団体の事務の一部の管理・執行を当該自治体名において他自治体に行わせる制度	252条の16の2～4
協議会	地方公共団体が、共同して管理執行、連絡調整、計画作成を行うための制度	252条の2の2～252条の6
機関等の共同設置	地方公共団体の委員会又は委員、行政機関、長の内部組織等を複数の自治体が共同で設置する制度	252条の7～252条の13
事務の委託	地方公共団体の事務の一部の管理・執行を他の地方公共団体に委ねる制度	252条の14～252条の16
一部事務組合	地方公共団体が、その事務の一部を共同処理するために設ける特別地方公共団体	284条～291条
広域連合	地方公共団体が、広域にわたり処理することが適当であると認められる事務を処理するために設ける特別地方公共団体。国又は都道府県から直接に権限や事務の移譲を受けることができる。	284条、291条の2～291条の13

※いずれの仕組みも関係するすべての自治体の議会の議決が必要

●広域連携

Q27 近隣市町村との航空写真の共同発注入札方法

近隣の３市町村で「航空写真の撮影業務に関する共同発注」業務を予定しているが、以下の２点の条件を満たすように契約を行う場合には、どのような方法が考えられるか。

【条件１】 本共同事業は、協議会（幹事は各市町村の持ち回りを予定）の形式で継続的に実施し、入札の執行はそのときの幹事市町村の基準に準じて処理する。

【条件２】 幹事団体が一般会計から会計処理をし、その他の構成市町村は幹事団体に負担金を支払う。

●関係法令

自治法252条の２の２、252条の３

A 本ケースでは、契約の方法として「協議会が契約する方法」と「協議会の幹事団体が契約する方法」の２種類が考えられます。

● 協議会が契約する方法

⑴ 協議会とは

「協議会」は、事務の一部を共同して管理･執行するために設けるもので、自治法252条の２の２の規定に基づく協議会（以下「法定協議会」という。）と「任意の協議会」に大別されます。

① 「法定協議会」とは

その目的により、さらに「管理執行協議会」「連絡調整協議会」「計画作成協議会」に分類されますが、本ケースでは「管理執行協議会」に該当すると考えられます。この場合の法定協議会は、各市町村の負担金をもとに運営されます。

② 「任意の協議会」とは

文字通り法令の根拠がない任意のものですので法定の協議会と比べ自由度は高いものの、協議会としては以下に述べるように公的な手続に制約が生じる場合があります。

⑵ 契約の主体

① 法定協議会が契約する場合

まず、「法定協議会が契約」する場合ですが、法定協議会は、自治法の規定に基づき、規約を定めて設置されるため、公人としての協議会会長がその契約の主体となることができます。

② 任意の協議会が契約する場合

一方、「任意の協議会が契約」する場合には、当該任意の協議会の会長は公人としての法的な立場を有しないため、実務的には会長が個人名で契約をすることが考えられます。この方法は、個人への負担が大きいばかりでなく、任意の協議会の歳入や歳出の予定を幹事団体の一般会計に組み込む術はないと考えられ、質問の【条件２】を満たすことはできません。

● 協議会の幹事団体が契約する方法

「協議会の幹事団体が契約する方法」を取る場合には、幹事団体に対して、残りの２団体が「航空写真の撮影業務に関する共同発注」業務を委託することが考えられます。この契約は私法上の委託として、幹事団体が自団体も含めた３団体分を一括で発注することとなります。当然、契約は受託団体である幹事団体の規程等に従って入札・契約を行うこととなります。

● 協議会方式を採らない方法

なお、協議会方式を採らない場合、同一業者（単独随意契約）に対し、３市町村が同一の内容の契約を３市町村連名で締結するという方法も考えられます。この場合は民法の「多数当事者の債権及び債務」（427条～445条）の規定が適用されます。

●広域連携

Q28 共同設置された機関等に対する監査の実施方法（誰が、どう実施するのか）

自治法252条の11第4項の規定に基づいてA市、B町、C町の事務を一括して処理する内部組織（センター）を共同設置した。

このように共同設置された内部組織に対する監査は誰が、どのように実施することになるのか。

●関係法令

自治法252条の7第1項、252条の11第4項

A 自治法252条の11第4項により、地方公共団体が共同設置する内部組織等が行う事務についての監査は、「幹事団体」の監査委員が毎会計年度少なくとも1回以上実施することとされています。

● 共同設置とは

正式には「機関等の共同設置」（同法252条の7第1項）といい、関係地方公共団体それぞれが設けるべき機関等を共同で設置することで、地方公共団体の執行機関を簡素化し、効率化を図りつつ、合理的な行政を確保するという効果があります。

● 地方公共団体が共同設置できる機関

- 議会事務局若しくはその内部組織（同法138条1項、2項）
- 委員会若しくは委員（同法138条の4第1項）
- 附属機関（同条第3項）
- 行政機関（同法156条1項）
- 内部組織（同法158条1項）
- 委員会若しくは委員の事務局若しくはその内部組織
- 議会、長、委員会若しくは委員の事務を補助する職員
- 専門委員（同法174条1項）

Column

水道事業における広域的な共同発注（静岡県の事例）

●　水道事業の現状

年々、人口が減少していくことで、水道使用量も減少し、水道事業者の収入も減少していきます。その一方で、既設の水道管や、水をつくるための施設は老朽化が進み、更新するために莫大な費用が必要となっていきます。このような背景から、今後も水道事業を安定して継続するために、効率的な経営を行おうとする取組が全国で広がっています。

こうした中、静岡県では、平成28年4月に静岡県と県内市町で構成する「静岡県行政経営研究会」において、「水道事業の広域連携等」課題検討会を設置しました。以下は、課題検討会の議論を基に解説します。

●　共同発注とは

共同発注とは、各々の水道事業者が個別に外部発注している業務を一つにまとめて発注することで、業務の効率化を図ろうとするものです。

施設面の連携では、多くのハードルがありますが、共同発注は比較的取り組みやすく、効果も見込めます。つまり、発注者側では、事務の効率化がはかられることで、発注コストを削減することが可能になり、受注者側では、まとまったロットを長期にわたって確保できるというメリットがあります。

●　課題検討会の成果

⑴　共同発注の方法

課題検討会では、共同発注の方法として、以下を目指して検討を行いました。

①事前に業務の仕様を統一した上で、契約する業者を選定する

②契約は各々の水道事業者が個別に行う

その結果、県内の１市４町において、水道事業財務会計システムの共同発注（クラウド）が実現し、平成31年４月から運用を開始しています。

⑵　共同発注の成果

これにより、イニシャル・ランニングコストの大幅な低減と、クラウドによる利便性の向上・災害時のデータ保護等が可能になりました。

●　課題検討会のこれから

さらに、令和元年度からは、施設面の連携と共同発注の両方における、広域化のパターンごとの将来見通しのシミュレーションと広域化の効果等を記した「水道広域化推進プラン」の策定に向けた検討を進めており、課題検討会を通じて様々な広域化パターンの検討や効果のシミュレーションを行い、令和４年度中のプラン策定を目指しています。

●職員派遣

Q29 職員派遣した団体からさらに別団体に派遣することの可否

自治法による職員の派遣により、A団体からB団体へ派遣している職員について、さらに同法に基づきB団体からC団体に派遣することはできるか。

●関係法令

自治法252条の17

A 本ケースの場合、さらに別団体へ派遣することはできないと考えられます。

● 他団体への派遣依頼が可能な場合

自治法252条の17において、普通地方公共団体の長又は委員会若しくは委員は、法律に特別の定めがあるものを除くほか、当該普通地方公共団体の事務の処理のため特別の必要があると認めるときは、他の普通地方公共団体の長又は委員会若しくは委員に対し、当該普通地方公共団体の職員の派遣を求めることができると規定されています。

ここでいう「特別の必要があると認めるとき」は、長又は委員会若しくは委員の認定によります。本条の設置された趣旨に鑑み、事務処理の能率化、合理化等に寄与するような運営が求められます（松本英昭著『新版逐条地方自治法第9次改訂版』（学陽書房）1342頁）。

● 本ケースの場合

本事例では、B団体の事務処理の効率化、合理化に寄与することを目的に、Ａ団体からＢ団体へ職員の派遣をするものであるため、当該職員をさらにＣ団体に派遣した場合は、Ｂ団体の事務処理の効率化、合理化に寄与しないものと思われます。

仮に当該職員をＣ団体へ派遣した場合、同条２項に定める給与や退職金等の取扱い、同条４項に定める身分の併有について、問題が生じるものと思われ、法律は、派遣先からの派遣について想定していないものと考えられます。

したがって、自治法 252 条の 17 により他団体に派遣された職員を、さらに別の団体に派遣することはできないと解すべきです。

●一部事務組合

Q30 一部事務組合の条例において構成市町村の条例の規定を準用することの可否

一部事務組合の設置に当たり、その組合において新たに制定すべき条例について、構成市町村の条例の規定を準用することはできるか。

●関係法令
自治法96条1項1号、284条、292条

A 構成市町村の条例の規定を準用することは不適当と考えられます。

● 組合に移管された事務について

構成団体たる市町村の条例又は規則は、組合の成立により当然には消滅することなく存在しますが、形式的に存在するだけで実効力はありません。その効力は、いわば法的に停止の状態にあると解されます。

また、市町村のみが加入し、都道府県が加入しない一部事務組合については、自治法の市町村に関する規定が準用される（同法292条）ことから、構成団体（市町村）において、同法96条1項1号（議決事件:条例の制定改廃）の規定が準用されます。

● 一部事務組合に移された事務に関する条例以外の条例について

組合条例において「○○市町村の条例の規定を準用する」と規定した場合、当該市町村の条例が改正されれば、結果として、組合条例の内容も自動的に改正されることとなります。

これにより、組合条例であるにもかかわらず、自治法上、その議決権限を有する組合議会の議決ではなく、「○○市町村」と規定された市町村、つまり他団体の議会の議決により、組合条例が改正されることとなります。これは組合に関する事項を、他団体である市町村の議会が意思決定し、コントロールすることとなるため、同法96条の規定の趣旨を踏まえると、著しく不適当であると考えます。

Q31 一部事務組合からの脱退に係る議案の提案権

●一部事務組合

一部事務組合からの脱退に係る議案について、議員から提案できるか。

●関係法令

自治法112条

A 議員に提案権はないと考えられます。

●　議員の提案権について

自治法112条１項により、議員は、議会に付議すべき事件についての議案の提出権が認められています。

この「議会の議決すべき事件」は、その事件の性質及び内容により、以下３点に分けられます。

①議決をもって当該普通地方公共団体としての意思が決定されるもの

②議決の結果としての機関の意思が決定されるもの

③執行機関の執行の前提要件又は手続としての議会の議決を必要とするもの

このうち、③に係る提案権は、長に専属するものと解され、②に係る提案権は、議会としての機関の意思を決定すべき事件に関する議案を議員が提出できることは当然であるとされているので、112条１項の「議会の議決すべき事件」に該当するものは①とされています（松本英昭著『新版逐条地方自治法第９次改訂版』（学陽書房）437、438頁）。

また、①については、「その根拠法令上、『地方公共団体は、議会の議決を経て○○を定める』とした規定の場合は、議員、長双方に提案権があり、この場合であっても、例えば、組織を定める部局の設置条例のようにその事案の性格によって長に専属するものもあります。『地方公共団体の議会は、○○を定める』とした規定の場合の提案権は議員に、『地方公共団体の長は、○○を定める』とした規定の場合は提案権は長に専属する」というのが一般的な判断の基準ですが、「事案の内容、性格によって更に判断すべき」とされています（地方議会実務研究会編集『地方議会事務提要』（ぎょうせい））。

● 一部事務組合設立に関する協議

一方、一部事務組合の設立に関する協議について、「協議の主体は関係地方公共団体であるから、その代表者である長が協議の直接の担当者」であり、「事務を共同処理するかどうかの決定権は長にある」とされ、「議会の議決は長が協議を行う前提条件であり、議案の提案権は長に専属する」とされています（園部逸夫監修、米川謹一郎編著『特別地方公共団体の財務』（ぎょうせい）46頁）。

● 一部事務組合脱退に関する協議

このことから、一部事務組合からの脱退に係る議案の性質及び内容を判断すると、設立と脱退という内容の違いはあるものの、性質としては同一のものであるといえるため、脱退に係る議会の議決は、長が他の地方公共団体と協議するための前提条件、すなわち上記③に該当すると考えられます。

以上から、本件のケースは、上記③に該当するため、議案の提案権は長に専属することになり、議員に提案権はないと考えられます。

●一部事務組合

Q32 一部事務組合解散後の決算の処理と経費の支出

当一部事務組合は、３月末で解散し、解散後の施設管理は、原則として施設の所在する自治体が行うが、複数自治体にわたる施設については、事務の委託により、一つの自治体により管理を行う予定である。

この組合の決算の処理方法と、４月の支出（３月分の電気代等）の処理方法はどのようになるか。

●関係法令

自治法 292 条、自治法施行令５条

A ４月請求分の支払いは、組合解散後に当該経費に係る施設を管理する団体にてそれぞれ支払うことが適当であると考えられます。

●　一部事務組合解散後の決算について

自治法 292 条により準用される自治法施行令５条１項により、一部事務組合が解散したときは、「その地域が新たに属した普通地方公共団体」、すなわち、施設の所在地である構成団体が事務を承継します。

また、同条２項により、収支決算は、解散の日をもって打ち切られ、旧一部事務組合の管理者が決算し、同条３項により、事務を承継した各地方公共団体の長において、監査委員の監査に付し、その意見を付けて議会の認定に付さなければなりません。

一部事務組合の解散により、共同処理していた事務はそれぞれの構成団体が承継することとなるため、旧管理者において決算したものについて、事務を承継した構成団体全ての監査・議会の認定が必要となります。

● 本件のケースの場合

4月請求分の支払いは、組合解散後に当該経費に係る施設を管理する団体にてそれぞれ支払うこととなり、複数自治体にわたる施設の分については、事務を受託した自治体が支払い、委託した自治体に対し精算することが適当であると考えられます。

●一部事務組合

Q33 町職員を組合の工事の検査員とする場合の対応

一部事務組合の工事について、構成団体の町職員を検査員としたいが、併任等の対応が必要となるか。

●関係法令
自治法 284 条、287 条、地公法 35 条

A 構成団体の町職員を一部事務組合の検査員と兼職させる方法を採ることは可能です。

● 職務専念義務

地公法 35 条では、職務専念義務が規定されており、当該地方公共団体がなすべき責を有する職務にのみ従事しなければならないとされ、地方公務員が他の職に従事することを原則的に禁止しています。

一部事務組合の規約に定めた事務については、構成団体は権限を失うことになり、職務専念義務の規定からも、町職員を組合の工事の検査員とすることはできません。これは自治法 284 条２項により、一部事務組合が設立されたことによる効果は、「一部事務組合が成立すれば、それによって共同処理するものとされた事務は、関係地方公共団体の権能から除外される」とされているからです（松本英昭著『新版逐条地方自治法第９次改訂版』（学陽書房）1639 頁）。

● 一部事務組合へ地方公共団体職員を派遣するには

⑴ 対処方法

ただ、一部事務組合にしかるべき人材がおらず、地方公共団体の職員を派遣したいというニーズはあるものです。

これに対して、以下のいずれかにより対処することが可能です。

①自治法 252 条の 14 に定める事務の委託

②同法 252 条の 17 に定める職員派遣

③同法 287 条 2 項に定める兼職

⑵ 本ケースの場合

本ケースの場合では、町職員を一部事務組合の検査員と兼職させる方法によることが好ましいと考えられます。

事務の委託（①）や職員派遣（②）の方法を採ると、①では、同法 252 条の 15 に定める規約の改正が必要であり、②では、派遣先の団体が給与を支給することとなり、また、両者の方法ともに町職員としての業務に従事させることはできません。このことから、兼職の方法が適切であると考えられます。

一方、③の同法 287 条 2 項に定める、一部事務組合と当該一部事務組合の構成団体での職員の兼職については、「通常の一部事務組合の場合においては、これを構成する地方公共団体の議会の議員及び執行機関と密接不可分の関係において組織されることが、一部事務組合の性格上必然的に要請される」ことから「両者の間の兼職はすべて認められること」とされています（松本英昭著『新版逐条地方自治法第 9 次改訂版』（学陽書房）1657 頁）。

●一部事務組合

Q34　一部事務組合と構成団体との契約

一部事務組合と市との間で契約（土地の賃貸借契約）を締結する際に、組合の管理者たる市長と構成団体の長たる市長との間で契約する場合、双方代理に該当することになるのか。

また、組合が所有する財産を市へ無償貸付することについて、組合側の了解があれば問題ないか。

●関係法令

民法108条1項、113条1項、116条、自治法96条、153条1項、180条

A　双方代理に該当すると思われます。組合議会の議決等があれば可能と考えられます。

●　双方代理とは

(1)　意味

同一人が法律行為の当事者双方の代理人となることをいい（民法108条1項）、双方の代理人が同一となる場合には、一方の当事者に有利な（もう一方にとっては不利な）契約を結ぶなどといったおそれがあることから原則として禁止されています。双方代理によって締結された契約は、無権代理となり、当事者の追認がなければ、その効力を生じません（同法113条1項）。

(2)　判例

普通地方公共団体の長が当該普通地方公共団体を代表して行う契約締結行為であっても、長が相手方を代表又は代理することで、私人間における双方代理行為等による契約と同様に、当該普通地方公共団体の利益

が害されるおそれがある場合があるという理由で、普通地方公共団体の長が当該普通地方公共団体を代表して行う契約の締結には、同法108条が類推適用されるのが相当としています（最判平成16年7月13日民集第58巻5号1368頁）。

なお、上記最高裁判決では、同法108条に違反する無権代理行為として無効とされる行為でも、同法116条が類推適用され、「議会が長による双方代理行為を追認したときには、同条（注：同法116条）の類推適用により議会の意思に沿って本人である普通地方公共団体に法律効果が帰属する」、すなわち有効となると判示しています。

⑶　双方代理となる場合の対処

また、長が土地開発公社の理事長に就任している場合、当該地方公共団体と公社の間の契約については、同法108条の規定により、それぞれの団体の代表として契約を締結することはできず、契約当事者がその権限を他に委任するか、又は代理人を選任して契約を結ぶ方法が考えられます。公社の理事長には、設立当初より副市町村長等が就任している例が多いと思われますが、そのような措置を取っていない場合、自治法153条1項の規定による当該契約の締結に関する長の権限の行使を副市町村長等に臨時に代理させることになるものと考えられます（地方自治制度研究会編集『地方財務実務提要』（ぎょうせい））。

●　本ケースの場合

⑴　一部事務組合の管理者である市長と、その構成団体の市長との間で契約を締結する場合

民法108条の双方代理に該当すると思われるため、片方の当事者を、例えば副市長や一部事務組合の副管理者などにする方がよいと思われます。その場合には、自治法153条1項の規定により、長は、契約締結に係る権限を副市長や副管理者に委任し、もしくは代理させることにより

対応が可能です。

⑵　財産の無償貸付について

自治法96条１項６号、237条２項により、財産を適正な対価なく譲渡、貸し付ける場合には、条例又は議会の議決が必要であることとされているため、組合にそのような条例の規定があるか、もしくは組合議会の議決があれば可能だと思われます。

Q35 一部事務組合の組合管理者の選任

任期満了により、一部事務組合の次の組合管理者を選任する必要があるが、コロナ禍の中で、組合管理者の選任について書面やＷＥＢ開催によることはできないか。それとも、必ず議会を開かなくてはいけないか。

なお、当組合の規約には、「組合管理者は、組合市町村の長のうちから組合の議会において選挙する」と定めている。

●関係法令

自治法113条

A 書面やWEB開催で選任することはできず、現に議場に出席する本会議を開き、選挙する必要があると考えられます。

● 一部事務組合の執行機関の組織及び選任の方法

一部事務組合の執行機関の組織及び選任の方法等については、自治法287条により、規約で定める必要があります。また、同法292条により、一部事務組合について、法律又はこれに基づく政令に特別の定めがあるものを除くほか、都道府県の加入するものにあっては（自治法の）都道府県に関する規定、市及び特別区の加入するもので都道府県の加入しないものにあっては市に関する規定、その他のものにあっては町村の規定が準用されることになります。

● 議会の開催

(1) 開催に関する規定

同法113条により、議会が成立するには、議員の定数の半数以上が（議場に）出席しなければ、会議を開くことができないとされています。

⑵　オンライン開催（コロナウイルス感染まん延防止）

また、「新型コロナウイルス感染症対策に係る地方公共団体における議会の委員会の開催方法について(令和2年4月30日付け総行行第117号総務省自治行政局行政課長通知)」によると、「議会の議員が委員会に出席することは不要不急の外出には当らないものと考えられるが、各団体の条例や会議規則等について必要に応じて改正等の措置を講じ、新型コロナウイルス感染症のまん延防止措置の観点等から委員会の開催場所への参集が困難と判断される実情がある場合に、映像と音声の送受信により相手の状態を相互に認識しながら通話をすることができる方法を活用することで委員会を開催することは差し支えないと考えられる。その際には、現に会議室にいる状態と同様の環境をできる限り確保するため、議事の公開の要請への配慮、議員の本人確認や自由な意思表明の確保等に十分留意するとともに、情報セキュリティ対策を適切に講じる必要がある。」とされ、委員会の開催についてはオンラインでの開催も差し支えないとされています。

しかしながら、同通知によると、「法第113条（注：自治法113条）及び法第116条第1項（同）における本会議への「出席」については、現に議場にいることと解されている」とされ、本会議についてはオンラインによる開催は認められていません。

●　本ケースの場合

以上を踏まえると、本問のケースでは、組合議会の本会議については、書面はもとより、WEBによる開催も認められていないことから、管理者の選任に当たっては、(実際に議員が出席する）本会議を開き、選挙する必要があると考えます。

●財産区

Q36 財産区が新たな財産を取得することの可否

山林を管理する財産区が、財産区の住民から、個人所有する山林の管理が難しいため、財産区に売却もしくは寄附したい、との申出を受けたが、その山林を取得することができるか。

●関係法令

自治法294条

A 財産区が個人所有の山林を新たな財産として取得・管理することは財産区の本来の目的・性格上困難であると考えられる。

● 財産区の権能

財産区の権能は、所有する財産又は公の施設の管理及び処分又は廃止に限られ、市町村のように広い範囲で事務を処理することはできません。

このことは、自治法294条で、「その財産又は公の施設の管理及び処分又は廃止については、この法律中地方公共団体の財産又は公の施設の管理及び処分又は廃止に関する規定による」と規定され、特に財産の取得について触れられていないことからも、財産区が積極的に財産を取得し、拡大していくことは、制度上予定されていないことは明らかです。

● 財産区における新たな財産の取得に関する行政実例

さらに、以下のとおり、財産区における新たな財産の取得について言及した各行政実例があります。

・財産を処分して得たものをもって新たに他の財産を取得することに

ついて、財産の本質に変更がない限りできる（「部落有財産の処分代金で新たに他の財産を取得することの可否」昭和27年11月7日）。

・当該施設の整備又は環境の改善等の事業を行うことが、財産区の属する財産又は営造物の管理行為の一部として認められるものである限り、さしつかえない（「財産区の取扱」昭和29年3月9日）。

・財産区が新たに取得することができる財産は、当該財産区の本来の目的及び性格から許される範囲内のものでなければならない。財産区は、当該財産区の本来の目的及び性格に反しない限り、当該財産区が有する財産の管理又は処分により生じた現金をもって財産を取得することができる（「財産区財産の処分と財産取得」昭和58年3月26日）。

●　本ケースの場合

上記行政実例（昭和58年3月26日）の「本来の目的及び性格から許される範囲内」の具体例としては、「土地及び山林を財産とする財産区において、これらを管理するための管理施設及び維持するための施設（排水施設等）等を取得すること、あるいは、温泉を持つ財産区が新たなボーリングを行って増湯計画を実施したり、入湯場を増築したり、新しい入湯場を設けること等」が考えられます。

これを踏まえると、本ケースでは、管理困難な個人所有の山林を新たに取得し、財産区の財産として管理していくことは、財産区本来の目的及び性格の範囲内ということは難しいと言わざるを得ないと考えます。

●財産区

Q37 宗教法人に貸し付けている公有地（財産区有地）における新たな宗教施設設置の可否

当市の財産区所有の土地の賃借人である宗教法人（以下「当該宗教法人」という。）から財産区に対し、その土地上に新たに永代供養塔と仏舎利平和塔を建設したい旨の要望書が提出された（財産区と当該宗教法人との間では土地賃貸契約を交わし、財産区が有償で貸し付けている。）。

そこで、これらの施設の建設を許可することが特定の宗教団体を優遇することにならないか等、憲法の政教分離原則への抵触の有無について、教えてほしい。

●関係法令

憲法20条、89条、自治法238条1項

A 本ケースの場合、財産区有地に宗教的施設を建設することは、憲法の政教分離原則に触れる可能性があると考えられます。

● 政教分離原則抵触の判断ポイント

(1) 公有地の貸付料等の条件が他の貸付相手と同等か否か

本件事案に類似した判例として、住民が北海道砂川市（以下「市」という。）に対して行った訴訟があります。これは、「市有地について市が特定の団体に対し、宗教的施設の建設・利用を無償にて許可をしている状況について違法確認を求めた政教分離訴訟（最判平成22年1月20日民集64巻1号1頁）です。本件では、「無償での提供」を解消することが違憲状態を解消する手段の一つとされました。

本判例によりますと、市が連合町内会に対し市有地を無償で建物（地域の集会場であるが、その内部に祠が設置され、外壁に神社の表示が設けられている。）、鳥居及び地神宮の敷地としての利用に供している行為は、以下のとおり判断されています。

① 判断（上記判例）

・「市が、何らの対価を得ることなく本件各土地上に宗教的施設を設置させ、本件氏子集団においてこれを利用して宗教的活動を行うことを容易にさせているものといわざるを得ず、一般人の目から見て、市が特定の宗教に対して特別の便益を提供し、これを援助していると評価されてもやむを得ないもの」

・「社会通念に照らして総合的に判断すると、本件利用提供行為は、市と本件神社ないし神道とのかかわり合いが、我が国の社会的、文化的諸条件に照らし、信教の自由の保障の確保という制度の根本目的との関係で相当とされる限度を超えるものとして、憲法89条の禁止する公の財産の利用提供に当たり、ひいては憲法20条1項後段の禁止する宗教団体に対する特権の付与にも該当すると解するのが相当である」

② 判断に至る基準（上記判例）

「国公有地が無償で宗教的施設の敷地としての用に供されている状態が（中略）信教の自由の保障の確保という制度の根本目的との関係で相当とされる限度を超えて憲法89条に違反するか否かを判断するに当たっては、当該宗教的施設の性格、当該土地が無償で当該施設の敷地としての用に供されるに至った経緯、当該無償提供の態様、これらに対する一般人の評価等、諸般の事情を考慮し、社会通念に照らして総合的に判断すべきものと解するのが相当である。」

③ 判示（上記訴訟の差し戻し上告審）

本訴訟は、市、町内会及び氏子集団が違憲状態を解消することで合意しました。上記訴訟の差し戻し上告審においては次のように判示されました。

・氏子集団による神社施設の一部の移設や撤去等に加え、市有地の一部を氏子集団の氏子総代長に適正な賃料で賃貸する行為は、「違憲性を解消するための手段として合理的かつ現実的なものというべきであり、市が、本件神社物件の撤去及び本件土地（中略）の明渡しの請求の方法を採らずに、本件手段を実施することは、憲法89条、20条1項後段に違反するものではないと解するのが相当」（最判平成24年2月16日民集第66巻2号673頁）。

⑵　行為の目的が宗教的意義を持っているか否か

政教分離に関する最高裁の従前の判例（最判昭和52年7月13日民集第31巻4号533頁）では、「目的・効果基準」が用いられています。

すなわち、憲法20条3項により国や地方公共団体に禁止される「宗教的活動」とは、「行為の目的が宗教的意義をもち、その効果が宗教に対する援助、助長、促進又は圧迫、干渉等になるような行為」とされています。

そして、政教分離に該当するか否かの判断基準は、「主宰者、式次第など外面的形式にとらわれず、行為の場所、一般人の宗教的評価、行為者の意図・目的及び宗教的意識、一般人への影響等、諸般の事情を考慮し、社会通念に従って客観的になされなければならない。」とされています。

⑶　特定の宗教団体を助長する内容か否か

①　公用地の貸付けについて

本問について考えていきましょう。まず、財産区有地は、自治法238条1項に規定する公有財産（不動産）です。

町有地をお寺に貸し付けることについての総務省の質疑応答では、「町有地の貸付けの相手がお寺でも、①貴町の財産条例・規則上、他の者への貸付けと全く同一の取扱いのもとに行われるものであり、かつ、②特定の宗教団体に対し援助、助長するような内容でなければ、憲法89条の問題はないものと考え」られるとされています（地方自治制度研究会編集『地方財務実務提要』（ぎょうせい））。

②　特定の宗教団体の活動を助長する内容か否か

ここで、財産区が当該宗教法人に当該土地を貸し付けるのに当たり、貸付料等の条件が、他の貸付相手と同一の取扱いにしているのであれば、当該宗教法人から要望のある永代供養塔及び仏舎利平和塔の新規設置を認めることが、特定の宗教団体の宗教活動を援助、助長するような内容か否かの判断が論点となります。

そこで、先述した砂川訴訟の差し戻し上告審においては、市が無償貸付けから有償貸付けに変更するとともに、神社の表示の撤去や、「地神宮」の文字を削って宗教的色彩のない「開拓記念碑」とすること、また祠を当該地の別の場所に移設すること、賃貸する土地にロープを貼ってその範囲を外見上明確にすることなど、貸付けの有償化以外に、宗教的色彩を抑える取組をした結果、「一般人の目から見て、市が本件神社ないし神道に対して特別の便益を提供し援助していると評価されるおそれがあるとはいえない」として、全体の施設を撤去しなくても合憲であると判示しています。

つまり、市が平成22年１月の最高裁判決を受けて、違憲の状態を解消するため、町内会に対し土地を無償貸付けから有償貸付けに変更するだけでなく、種々の宗教的色彩を抑える取組を実施した結果、最高裁はそれらを総合的に判断して、原告住民が主張する神社施設の撤去をしなかったとしても合憲と判断したわけです。このようなことから考えますと、必ずしも有償での賃貸のみをもって、直ちに憲法上の政教分離原則に抵触しないと言い切ることはできないと解されます。

●　本ケースの場合

以上のことから、本ケースでは、財産区有地を有償で貸し付けているものの、地域のランドマークとなりうる施設は、その建設目的が「信者の増加促進など当該宗教法人の宗教活動の活性化」にあり、宗教的色彩が非常に強いものであることから、当該施設の設置を認めることは、「一般人の目から見て」財産区が特定の宗教法人に対し、「特別の便益を提供し援助していると評価されるおそれがあるとはいえない」(前掲判例)とまでは言えないと思われます。

したがって、財産区有地に宗教的施設を建設することが、憲法89条(宗教団体への公金支出など)及び憲法20条1項後段(宗教団体への特権の付与等)に触れる可能性を否定できないと思われます。

さらに、原状復帰が困難になると思われる施設の公有地への建設を認めることは、財産管理上も適当ではないと考えられます。

なお、当該宗教法人との間で、土地の賃貸借契約書中に、今後、同様の疑念が起こらないように、当該土地の用途などについて明確にしておく必要があると思われます。

●財産区

Q38 財産区に対する財政的支援

財産区が所有する施設が老朽化して、その建て替え経費を財産区の収入で賄えない場合、市の一般会計から財産区特別会計に対し、補助金や長期貸付金により財政的支援を行うことができるか。

●関係法令

自治法294条、296条の5

A ● 財産区とは

財産区とは、市町村の一部で財産又は公の施設の管理及び処分を行うことを認められた特別地方公共団体です。

自治法294条2項により、「財産区の財産又は公の施設に関し特に必要とする経費は、財産区の負担」とされています。これは、もともと財産区が地域で自主的に共有地や入会地として長年維持管理してきた財産の総体であるという歴史的な経緯を踏まえ、当該地域の財産としての自主性を一定程度保障した制度であることから導かれた結論であると考えられます。

● 市町村からの財政的支援の検討

(1) 補助金による支援

市町村が財産区に対し、施設の建て替え経費の一部補助を行うことは、本来財産区が負担すべき経費を、当該補助により市町村の一般会計が負担することとなるので、上記の原則、つまり法制度の趣旨を踏まえると、行うべきではないと考えます。

また、同法296条の5第2項により、財産区特別会計から市町村一般会計への繰入れを行った場合、その繰り入れた金額を限度として財産区への見返り措置を義務付けられていることを踏まえると、財産区特別会計から一般会計への繰入れがないまま、市町村から財産区に対し、見返りのない補助（寄附、繰出し）を行うことは、当該規定の趣旨にも反すると考えます。

なお、財産区が補助金や寄附を受けることも、区有財産の維持管理について受けるのであれば可能と考えますが、この補助、寄付の主体は、国・県等の第三者であり、当該財産区が存する市町村からの補助金は想定されていないと解します。

⑵ 長期貸付金による支援

また、財産区には自ら起債（長期借入）する権能がないことから、長期借入をすることはできず、一般会計からの貸付けは、制度上想定されていないと考えられます。

⑶ 市町村の一般会計から財産区特別会計への繰出し

財産区が負担すべき経費を財産区の財産収入で賄うことができない場合は、市町村の一般会計から財産区特別会計への繰出しも考え得るところですが、その場合には、税の不均一課税や、市町村が起債して償還財源を財産区が負担するなどの方法が考えられるものの、財産区住民以外の地域住民への十分な説明が必須であり、その合意形成の難しさを踏まえれば、現実的な手法とは言えないでしょう。

そして、上記の方法によらず、一般会計から財産区特別会計へ繰り出すことは、同法294条2項、296条の5第2項の趣旨を踏まえると、著しく不適当であると考えられます。

●　本ケースの場合

以上のことから、財産区の収入の中で当該施設の建替え費用を捻出できないのであれば、当該施設の建替えの必要性やあり方を検討し、当該施設が当該財産区のみならずこれを包摂する市町村の住民のために必要な施設として判断できるのであれば、財産区ではなく、市の施設として再編整備することは検討可能と思われます。

Q39

●財産区

財産区内の自治会に向けて特化した補助金交付要綱の制定の可否

当市では、財産区内の自治会や財産区民の団体（老人福祉会）等に対して、財産区の収入を財源とした補助金の交付を行っている。

この補助金は、財産区収入の一部を当市の一般会計に繰り入れ、当市補助金交付規則に基づいて交付しているものである。

補助金の交付対象を財産区内の自治会等に特定した交付要綱の制定は可能か。

●関係法令

自治法232条の2、296条の5

A ● 財産区運営の基本原則

自治法では、財産区運営の基本原則として、①財産区住民の福祉を増進すること、②所在市町村の一体性を損なわないこと、③財産区設置の趣旨を逸脱しないことを掲げています。

財産区財産から生じる収入については、財産区の運営に充てることとなります。また、財産区の存する市町村は、財産区と協議して、当該収入の全部又は一部を経費に充てることができるとされています（財産区に議会が設置されている場合は、当該協議に先立って、財産区議会の議決が必要です）。

● 普通地方公共団体が補助をする際の要件

また、普通地方公共団体が補助をする際の要件となる「公益上必要がある場合」とは、「当該団体の長及び議会が個々の事例に即して認定するが、これは全くの自由裁量行為ではないから、客観的に公益上必要であると認められなければならない」（行政実例昭和28年6月29日）とされています。したがって、当該団体としては、補助を行うに当たっては慎重にその必要性及び効果等についての検討が必要です。

さらに、「補助金交付要綱」は、補助金の目的、対象を明確にし、交付の要件、手続を明示することによって適正な補助金交付を行おうとするものです。

●　本ケースの場合

そこで本問について考えますと、法律上、「公益上必要がある」と認められる場合は補助できるとされていることから、市が特定の区域内に存する自治会のみを対象とする補助についても、市長及び議会がその合理的な必要性を認めるのであれば、当該補助を行うことはできるということになります。

また、市として当該補助を行うのであれば、補助事業の適正な執行を図るために、市の補助金交付規則に基づく補助金交付要綱等によって、補助金の目的や、補助の対象事業、交付の要件等を規定する必要があると思われます。

●財産区

Q40 市町村議会における財産区に関する市町村長の答弁

市町村議会において、財産区に関する質問があったとき、答弁する市町村長は「市町村長」、「財産区管理者」のいずれの立場で答弁するのか。

●関係法令

自治法295条、296条、296条の2

A● 財産区における議決

(1) 通例

財産区の財産又は公の施設の管理及び処分又は廃止に関し議会の議決を要する事項は、当該市町村の議会において議決されるものであり、原則として、財産区には固有の議決機関を有していません。

(2) 財産区に議会を設けられるケース

しかしながら、財産区に議会の設置の「必要があると認めるとき」、すなわち、財産区の事務が煩雑のため又は極めて一局部のため市町村が議会の任に当たることが真に財産区の事務を実情に即して処理するに適当でないと認められる場合、又は財産区の利害と市町村の利害が必ずしも一致せず市町村の議会をして公平に財産区の事務を議決させることが保障されない場合等において、特に財産区固有の意思決定機関を設ける必要のある場合には、当該市町村の議会の議決を経て、財産区議会設置条例を制定し、財産区に議会を設けることができます。なお、この条例の提案権は都道府県知事に専属しています（自治法295条）。

●　本ケースの場合

本問については、財産区に議会が設置されている場合と、議会が設置されていない場合とに分けて考えていきます。

⑴　財産区に議会が設置されている場合

①　出席の際の立場

財産区の議会は、財産区の財産又は公の施設に関し、当該市町村の議会が議決すべき事項を議決する権限を有することになります。したがって、財産区に関する予算、一時借入金、使用料、手数料等の徴収等は財産区の議会が設けられている場合には、財産区の議会で議決することとなり、当該市町村の議会は議決することができないと解すべきとされています（松本英昭著『新版逐条地方自治法第9次改訂版』（学陽書房））。

そして、財産区に議会が設置されている場合には、「財産区は特別地方公共団体であるから、普通地方公共団体の議会に、当該市町村長に対し財産区の管理者の立場で出席を求めることはできない。」とされています（地方議会実務研究会編集『地方議会事務提要』（ぎょうせい））。

②　本ケースの場合

以上のことから、財産区に議会が設置されている場合には、

市町村長は

・財産区議会に財産区管理者としての立場で出席

・市町村議会においては、財産区管理者の立場としての市町村長は市町村議会に出席することはできない

ことになります。

この場合、市町村議会において財産区の管理処分に関してなされた質問に対しては、財産区管理者としてではなく、市町村長の立場で答弁することになります。

⑵　財産区に議会が設置されていない場合

先述したとおり、財産区は原則として固有の議決機関を有していませ

ん。つまり、財産区議会設置条例が制定されていない場合には、財産区の議決機関としては、財産区の存する市町村議会が議決機関になりますから、財産区に関する予算等の議決は当該財産区の存する市町村の議会で議決することになります。

この場合、市町村議会において、財産区の財産又は公の施設についての議決事項に関する質問等については、市町村長は財産区管理者としての立場で答弁することになります。

なお、財産区の運営に財産区の住民の意思を反映させることを目的として、条例により簡素な審議機関として設けられる「管理会」が財産区に設置されている場合（同法296条の2）においても、管理会は議決機関ではありませんので、この「財産区に議会が設置されていない場合」に該当します。

●財産区

Q41 複数の財産区について１本の財産区議会設置条例で定めている場合の条例改正

当市では、１本の「財産区議会設置条例」にて、３つの財産区（A、B、C）の財産区議会を設置しているが、今回、そのうちA財産区の議員定数の削減を行うため、条例改正を行うこととなった。

この場合に、議員定数が削減されるA財産区議会のみの議決により条例改正が可能か、それともA、B、Cすべての財産区議会全ての議決が必要となるか。

●関係法令

自治法295条

A 本ケースのようにA財産区にのみ関連する改正内容の場合、A財産区議会の議決のみで条例改正が可能と考えられます。

● 財産区議会設置条例

自治法295条により、都道府県知事は、議会の議決を経て市町村又は特別区の条例を設定し、財産区の議会を設けることができます。

財産区議会設置条例を改廃する手続も制定の場合と同じですが（行政実例「財産区議会設置条例の改廃」昭和26年10月25日）、財産区議会が設置されている場合は、財産区議会に提案すべきとされています（行政実例「財産区議会設置条例の廃止方法」昭和33年2月26日）。

市区町村内に複数の財産区がある場合において、財産区議会を設置する場合、それぞれの財産区ごとに条例を設定する場合も考えられますし、１本の条例とする場合も考えられます。

● 本ケースの場合

今回の条例改正では、B、C財産区に影響が及ばないこと、B、C財産区議会は、A財産区の議員定数について、賛否を決する権限はないことから、A財産区議会の議決のみで条例改正が可能と考えます。ただし、改正内容がA、B、C全ての財産区に関連する場合（例えば、選挙権を20歳以上から18歳以上に変更するときなど）には、当然、A、B、Cすべての財産区議会の議決を要することになります。

7 窓口業務等

●窓口業務

Q42 窓口業務での対応、明らかな不当要求への対処

特定の住民から毎日激しいクレームが続き、話の内容から、事実と異なり主張の理由も曖昧で、役所窓口のカウンターを叩いて叫び、毎晩担当者やその上司に長時間電話するなど、正当な権利行使を超えて態様や内容が極めて不条理と考えられる場合、どのように対処したらよいか。住民の正当な権利行使と不当要求行為との限界点を、どのように判断すべきか。

A● 公務員に対する不当要求行為

人々の持つ価値感の多様化や少子高齢化の急速な進展などに伴い、くらしの満足度を高め、あるいは保持する趣旨から、住民の市町村に対する要望・要請は近年ますます増大しています。

市町村担当部署への住民からの要請、要望に対しては丁重、丁寧にその内容を伺い、迅速・的確に所要の対応をなすべきは当然ですが、この事例のように、関係職員の他の業務に大きな障害となりかねない過剰な要求や、暴行・脅迫に及ぶ行為は、公務員に対するものであっても社会的制裁の対象となるものと考えられます。

●　不当要求行為へは対応が必要

毎日、長時間、長期間にわたり、電話や窓口等で同じ要求を執拗に繰り返される場合、担当者の他の業務への支障発生とともに、同職員の健康管理上の問題も生じますし、職員が精神的に追い込まれ休職に至るなどの場合、担当課全体の業務にも大きな障害となりますから、状況を十分に確認の上、明らかに不当な要求と判断される場合は、行政として毅然とした対応が必要となります。

●　不当要求を判断・対処するためには

通常の住民要請の内容を明らかに逸脱していると認められる場合については、自治体でマニュアルを共有し、どの部署でも共通の対応をしているところがあります。

さらに、いわゆる行政対象暴力については、自治体で独自の要綱を定め、所属ごとに対応責任者を決めて研修等を行うほか、やむを得ない場合は警察への相談や情報提供を行うなど、全庁で組織的に対応しているところもあります。ご参考にされることをお勧めします。

住民に向けた効率的、効果的な日々の公務遂行は言うまでもなく行政の基本的責務ですから、極めて特殊・特別なケースへの対応は役所内で共通ルールを作り､時に厳然と対処する姿勢も公益上必要と解されます。

●住民基本台帳

Q43 出生届の氏名欄が空欄の場合の住民票の記載

提出された出生届の氏名欄が空欄であった場合（名前がまだ決まっていない等）、住民票の作成はどのように対応するのが適切か。

●関係法令

戸籍法49条、住基法9条、住基法施行令12条

A● 住民票の作成

出生の届出は、14日以内（国外で出生の場合は、3か月以内）にしなければならないとされています（戸籍法49条）。

市町村長は、戸籍に関する届書等を受理し、若しくは職権で戸籍の記載若しくは記録をしたとき、又は住基法9条2項の規定による通知を受けたときに、住民票の記載等をすべき事由に該当するときは、職権で住民票の記載等をしなければならないとされています（住基法施行令12条）。

● 氏名欄が空欄の場合の対応

行政実例では、提出された出生届の氏名欄が空欄であった場合、戸籍の記載どおり氏名は空欄のまま住民票を作成し、後日氏名が入り次第、職権で氏名を記載するとされています（行政実例平成10年11月18日）。

本ケースの場合では、行政実例のように対応することが適切と考えられます。

Q44 児童養護施設に入所する小学生の転出届

母子家庭の児童（小学生）について、母親が逮捕され、市外の児童養護施設に入所するため、転出することになった。小学生であるため、児童相談所の職員が代理で、市役所に転出届を提出する予定である。

なお、児童の親権者は母親であり、児童相談所長は児童福祉法33条の2第2項に基づき、監護、教育及び懲戒に関し、その児童の福祉のため必要な措置をしている。

この場合、児童相談所の職員は誰の代理人か、あるいは代理人（児童相談所長）の使者となるのか。また、市役所に提出する書類としては何が必要か。

●関係法令

住基法24条、住民基本台帳事務処理要領第5－10－(ア)－(オ)

A 住民基本台帳事務処理要領第5－10－(ア)－(オ)支援措置の申出時の代理人の取扱いによると、児童虐待の場合では、児童相談所長は、被害者である児童の代理人として、市町村の窓口では、当該児童の監護等をしている事実を確認するに足りる書類を提示し、写真が貼付された身分証明書等により代理人であることの確認（児童相談所長であること）を受けます。

● 本ケースの場合

(1) 転出届提出者の扱い

今回のケースは上記に準じた取扱いとすることとなり、児童相談所長が児童の代理人として転出届を提出することになります。

なお、実際の手続を児童相談所の職員が行う場合には、その職員は、代理人である児童相談所長の「使者」として、児童相談所長が申請者である住民異動届を市町村の窓口に持参し、手続を行うことになります。

⑵　市役所に提出する書類

児童相談所の職員が代理人である児童相談所長の「使者」として、手続を行う場合には、以下の資料を持参すれば、児童相談所長から当該職員への委任状は不要です。

・児童養護施設への「入所決定措置通知書」

・「当該職員の職員証（写真貼付のもの）」

なお、本件については全国的な取扱いを踏まえる必要があるため、総務省住民制度課に、上記の対応が可能である旨を確認しています。

●住民基本台帳

Q45 自衛官募集のための住民基本台帳の閲覧

防衛大臣から各知事・市町村長に対し、自衛官募集に関し協力を求める通知がされているが、自衛隊地方協力本部（以下「地本」という。）に対する住民基本台帳の一部の写しの提供について、次の２点を確認したい。

【質問１】　住民基本台帳の閲覧申請による閲覧の際、ハンディコピー機を使用して写しを取ることは認められるか。

【質問２】　閲覧台帳全体の提供ではなく、閲覧者が書き写す内容と同一のものを印刷して交付することは可能か。

●関係法令

住基法 11 条、自衛隊法 97 条、自衛隊法施行令 120 条

A　【質問１】については、行政実例（平成元年８月 17 日）によると、ハンディコピー機の使用は認められません。

【質問２】については、住基法 11 条に基づく閲覧請求に対しては、住民基本台帳の閲覧のみが認められているため、台帳の一部の情報を抜粋したものを提供することは原則としてできないものと考えられます。

●　自衛隊地方協力本部住民基本台帳の写しの提供

(1)　自衛官・自衛官候補生の募集に関して

なお、「自衛官等の募集事務に関する住民基本台帳事務の適正な執行について」（平成 27 年３月 31 日付け総行住第 40 号）によると、自衛官及び自衛官候補生の募集に関し、必要となる氏名等の情報については、自

衛隊法97条1項及び自衛隊法施行令120条の規定により、地本の長が市町村長に対し求めることができると解されています。

⑵　学生・生徒の募集に関して

一方、自衛官及び自衛官候補生並びに防衛大学校又は防衛医科大学校の学生及び陸上自衛隊高等工科学校の生徒の募集に関する事務は、住基法11条1項に規定する、法令で定める事務の遂行のために必要である場合に該当すると解されるため、地本の長が同項に基づき住民基本台帳の一部の写しの閲覧を市町村長に請求することができると考えられます。

したがって、地本の長は、市町村長に対し、以下の権利を有します。

・自衛官及び自衛官候補生の募集に関するものについては、自衛隊法97条1項及び同法施行令120条に基づき資料の提出を求めることができる

・学生・生徒の募集に関するものについては、住基法11条1項に基づき、住民基本台帳の写しの閲覧を請求することができるにとどまる

なお、自衛官及び自衛官候補生の募集に係る資料の提供を行うか否かは、市町村長の判断によることとなります。

Q46

●住民基本台帳

消防団員の募集のための住民基本台帳の閲覧

新たに消防団員を募集するために住民基本台帳の閲覧をしたいと消防団員から相談があったがどのように対応するのが適切か。

●関係法令

地公法３条３項５号、消防組織法７条、18条、住基法11条の２

A ● 消防・消防団員とは

非常勤の消防団員は、特別職の地方公務員です（地公法３条３項５号）。また、消防団の設置、名称及び区域は、条例で定めるとされています（消防組織法18条）。

消防組織法７条において、「市町村の消防は、条例に従い、市町村長がこれを管理する」とされており、市町村長の消防の管理とは「消防事務を処理するためいわば実施機関として設けられる消防本部、消防署又は消防団に対して、市町村長が指揮監督することをいうと解される」とされています（消防基本法制研究会編著『逐条解説消防組織法第三版』（東京法令出版）184頁）。

● 住民基本台帳の閲覧が認められる活動

(1) 住基法上の規定に係る解釈

住基法11条の２第１項２号に該当する活動については、「閲覧が認められるのは、公共的団体が行う地域住民の福祉の向上に寄与する活動のうち、公益性が高いと認められるものであり、具体的には、例えば、社会福祉協議会や自治会が新入学児童に対して入学祝のための事業を実施する場合や、高齢者に対する敬老会・敬老事業を実施する場合などが該当すると考えられる。(中略)市町村長が地域の実情を勘案して判断することとされているものである。なお、この場合においても、住民基本台帳の一部の写しの閲覧による方法以外で目的を達成できる場合には、閲覧を認める必要はない」とされています（市町村自治研究会編著『全訂住民基本台帳法逐条解説』（日本加除出版）162、163頁)。

⑵　消防団が公共的団体に当たるかについて

「地方自治法第157条に規定する普通地方公共団体の長が指揮監督することができる『公共的団体等』については、(中略) 公共的な活動を行うものはすべてこれに含まれ、法人たると否とを問わないとされており(昭和24年2月7日行政実例等)、本条（住基法11条の2）第1項第2号に規定する『公共的団体等』についても、同様の団体が該当するものである（平成18・9・15総行市第131号通知問8参照)」（市町村自治研究会編著『全訂住民基本台帳法逐条解説』（日本加除出版）163頁）とあるため、含まれると解されます。

●　消防団員の募集に関する住民基本台帳の閲覧要求

以上から、消防団員の募集にかかる事務は、「公益性が高いと認められるもの」に該当すると考えられるため、住民基本台帳の閲覧は住基法11条の2を根拠にして可能と考えられます。

しかし、閲覧による方法以外で目的が達成できる場合には閲覧を認める必要はありません。

また、各自治体での個人情報保護条例に反しないことを確認してください。

Q 47 DV 等支援措置の対象範囲

ドメスティック・バイオレンス（DV）の被害者である母が、住民基本台帳事務における DV 等支援措置を申請していた（同居の子も併せて支援を受ける者としていた）。その母が死亡し、同居していた子が DV 等支援措置の延長の申出をする際に、併せて支援を受ける者としての対象に死亡した母を含めることはできるか。

●関係法令

住基法 11 条の 2 、12 条の 3 、15 条の 4 、20 条、21 条の 3 、住民基本台帳事務処理要領第 5 － 10

A ● 住民基本台帳事務における DV 等支援措置とは

DV、ストーカー行為等、児童虐待及びこれらに準ずる行為（以下「DV 等」という。）の被害者は加害者を避けるため別居していますが、加害者はその行方を知るため、市町村に対して住民票や戸籍の附票を請求する可能性があります。

住民基本台帳事務における DV 等支援措置とは、DV 等加害者から、以下の請求・申出があっても、市町村がこれを制限する（拒否する）措置のことです（措置期間は 1 年。延長も可）。

・被害者の「住民基本台帳の一部の写しの閲覧」（住基法 11 条の 2 ）
・「住民票の写し等の交付」（同法 12 条の 3 ）
・「除票の写し等の交付」（同法 15 条の 4 ）
・「戸籍の附票の写しの交付」（同法 20 条）
・「戸籍の附票の除票の写し等の交付」（同法 21 条の 3 ）

また、DV 等被害者の現住所が DV 等加害者に伝わることのないよう、被害者と同一の住所を有する者も、DV 等被害者と同様に、「併せて支援を受ける者」として、支援措置を受けることができます。

●　本ケースの場合

今回のケースでは、もし母の住民票の除票の写し等が加害者に交付された場合、同居していた子の住所も判明してしまうことになるため、子がDV 等支援措置を受けようとする場合に、母の死亡後においても、母を「併せて支援を受ける者」として、支援措置の対象とすることができます（総務省住民制度課に確認済み）。

●住民基本台帳

Q48 DV加害者が同時に債権者である場合の住民票の写し等の交付

本来、ドメスティックバイオレンス（DV）被害者の住民票の写し等の交付請求を行うことができないDV加害者が、DV被害者に対して有している債権の執行を理由に住民票の写し等の交付請求を行うことができるか。

●関係法令

住基法12条、12条の3、住民基本台帳事務処理要領第5－10

A DV加害者に直接交付するのではなく、債権執行に係る裁判所等から交付の請求を受け、当該機関に交付し、債権の執行に当たる方法をとることが望ましいと考えられます。

● DV加害者から被害者の住民票の写しの交付請求

(1) 被害者を保護するための支援措置

市町村長は、DV及びストーカー行為等、児童虐待及びこれらに準ずる行為の被害者（以下「支援対象者」という。）の保護のための措置については、住民票の写しの交付等の制度を不当に利用して、それらの行為の被害者の住所を探索することを防止することで、DV被害者を保護するための支援措置を講ずるものとしています。

(2) 加害者からの交付請求拒否

そこで市町村長は、支援対象者に係る住民票の写し等の交付について、加害者から請求又は申出がなされた場合は、不当な目的があるものとして請求を拒否し、又は住基法12条の3第1項各号に掲げる者に該当しないとして申出を拒否することとされています。

⑶　第三者への交付

一方で、第三者に住民票の写し等の交付ができる者とは、「自己の権利を行使し、又は自己の義務を履行するために住民法の記載事項を確認する必要がある者」（住基法12条の３第１項１号）であり、債権回収のために債務者本人の住民票の写し等を取得する当該債権者等として、請求事由又は利用目的がある者となる場合があります。

市町村長は、加害者からの支援対象者の住民票の写し等の交付請求について、請求事由又は利用目的をより厳格に審査した結果、請求又は申出に特別な必要があると認められる場合には、必要とする機関から交付の請求を受け、当該機関に交付することとされています。

●　本ケースの場合

このように、加害者に直接交付する方法を取らず、目的を達成することが望ましいと考えられます。本ケースの場合、交付する必要がある機関としては、債権執行に係る裁判所等が挙げられます。

その他、加害者から依頼を受けた特定事務受任者である弁護士が住基法12条の３第２項の第三者請求により、支援対象者の住民票の写し等の交付を請求した場合にも、弁護士には直接交付をせず、必要とする機関等から請求してもらい、当該機関に対して交付をする必要があると思われます。

Q49 DV等支援措置での交付拒否の証明書

ドメスティック・バイオレンス（DV）の加害者が、被害者の戸籍の附票の写しについて交付申請したいと当自治体に伝えてきた。被害者は数年前からDV等被害者の保護のための措置（住民基本台帳事務における支援措置）（以下「支援措置」という。）を申請し、加害者に住所がわからないようにしている。

当自治体の担当者は加害者に対して、申請をしても交付を拒否する旨を伝えたが、加害者からは「交付を拒否された事実を書面として記録に残したいため、拒否した証明がほしい。」と言われている。どのような対応が適切か。

●関係法令

配偶者からの暴力の防止及び被害者の保護に関する法律1条、住基法20条、32条

A● 支援措置とは

DV、ストーカー行為等、児童虐待及びこれらに準ずる行為の被害者の保護を図る観点から、被害者からの申出により、住基法に基づく住民基本台帳の一部の写しの閲覧、住民票の写し等の交付及び戸籍の附票の写しの交付について、不当な目的によることが明らか等として住基法に基づき交付を拒むものです（参考通知「ドメスティック・バイオレンス及びストーカー行為等の被害者の保護のための措置に係る質疑応答について」平成16年5月31日付け総行市第218号総務省自治行政局市町村課長通知）。

●　加害者が求めている証明書の交付は、発行すべきか否か

加害者が求めている証明書の交付は、住基法に基づくものではなく、また、同法32条により住基法による市町村長の処分については行政手続法第2章及び第3章の適用（申請に対し拒否する処分をする場合は理由を提示する必要がある）が除外されていることから、法的に証明する必要はないと考えられます。

ただし、任意の手続として「拒否した旨」を証明することを否定するものではありません。

なお、当該戸籍の附票の写しが裁判所への訴訟手続に必要ということであれば、裁判所から直接自治体に交付申請してもらう方法により交付可能であることから、加害者が申請を行うことも、自治体が拒否の証明書を発行することも、不要であると思われます（「ドメスティック・バイオレンス、ストーカー行為等、児童虐待及びこれらに準ずる行為の被害者の保護のための住民基本台帳事務における支援措置に関する取扱いについて」平成30年3月28日付け総行住第58号総務省住民制度課長通知）。

Q50

●住民基本台帳

出生届の提出に至らない外国籍の子の住民票の職権消除への対応

出生届の提出に至らない外国籍の子（経過滞在者）の住民票を職権記載した場合の、住民サービスの提供方法についてどのようなことに注意する必要があるか。

●関係法令

民法 772 条、住基法 30 条の 45、30 条の 50、出入国管理及び難民認定法 22 条の２第１項・２項

A ● 出生届の提出に至らず、住民票が作成されない事例

出生があった場合の住民票の記載に当たっては、通常、出生届の提出が必要です。しかしながら、民法 772 条の規定に基づく嫡出推定の規定に関連して、出生届の提出に至らず、住民票が作成されない事例が発生することがあります。そこで、このような場合においても住民サービスの円滑な提供を行うため、認定調停手続など外形的に子の身分関係を確定するための手続が進められている場合には、市町村長の判断により、職権で住民票の記載を行うことができます。

● 外国人住民の場合

外国人住民についても、住基法の適用対象になることから、出生届の提出に至らない外国籍の子の場合においても、住民票の職権記載ができます。

住基法 30 条の 45 の規定に基づき、出生により上陸の手続を経ることなく、日本に在留することとなる外国人は「出生による経過滞在者」に

分類されます。

●　在留延長の申請

⑴　申請が必要な場合

出生届の提出に至らない外国籍の子の場合、中長期在留資格等の取得手続に要する期間においても、居住関係の公証や行政サービスの享受を可能とするため、出生の日から60日に限って在留することができますが、引き続き在留を希望する場合には、出生の日から30日以内に法務大臣（入国管理局）に在留資格の申請を行う必要があります（出入国管理及び難民認定法22条の2）。

⑵　申請を行わず、滞在期間の60日間を超えてしまった場合

在留延長の申請を行わず、滞在期間の60日間を超えてしまうと、法務大臣から在留資格の変更に係る通知（住基法30条の50）が行われるため、市町村長は「出生による経過滞在者」の住民票を職権で消除しなければなりません。

住民票を職権消除された外国人の子に対しては、住民票があることを根拠とする住民サービスを行うことができないため、個別の法令に基づき、住民サービスを提供することになります。そのため、在留期間を経過する前に、当該子の親に制度の説明をする必要があります。

実際に滞在期間が60日を超えて、住民票を職権消除した場合、再度、子の住民登録を希望する親に対しては、前提となる在留資格の取得について、管轄の入国管理局に相談するよう、助言することが考えられます。

●住民基本台帳

Q51 外国人住民に係る住民票への通称記載の変更

外国人住民から、住民票に既に記載してある通称とは異なる通称で生活をしていることを理由に変更の申出があった場合、通称の変更を行うことができるか。

●関係法令
住基法施行令30条の16、住基法施行規則45条、住民基本台帳事務処理要領第2－2－(2)－サ－シ

A ● 外国人の住民票への通称記載

外国人住民は、日本国内での生活上の利便のため、住民票への通称の記載を求めることができるものとされており、その通称は「氏名以外の呼称であって、国内における社会生活上通用していることその他の事由により居住関係の公証のために住民票に記載することが必要であると認められるもの」とされています。

● 通称を記載するには

(1) 申請に居住関係の公証のために必要であることを証する資料が必要な場合

市町村長は、外国人から住民票への通称の記載の申出があった場合において、当該申出のあった呼称を住民票に記載することが居住関係の公証のために必要であることを証する資料が提示され、その必要性が認められるときは、当該呼称を住民票に記載しなければなりません。

一方で昨今、偽造された診察券及び雇用実態のない会社の社員証等の

不正な資料を提示し、通称を記載しようとする事案が発生していますので、通称の記載を申し出た外国人住民から、通称を証明する資料を提示されたときは、不正な資料ではないか等、確認には十分注意する必要があります（平成30年3月26日付け総行外第1号総務省自治行政局外国人住民基本台帳室長通知）。

⑵　申請に居住関係の公証のために必要であることを証する資料が不要な場合

なお、次の①～③のいずれかの場合にあっては、国内における社会生活上通用していることの確認に代えて、親や身分行為の相手方等の氏名または通称の氏等の確認を行うことにより、通称への記載を行うこととされています。

①出生により親の氏（日本国籍の親の氏、外国籍の親の通称の氏を含む。）を申し出る場合

②日系の外国人住民が氏名の日本式氏名部分を申し出る場合

③婚姻等身分行為により相手方の氏（日本国籍の相手方の氏、外国籍の親の通称の氏を含む。）を申し出る場合

●　通称の記載を変更するには

さて、本問のように、既に住民票に通称の記載をしている者が変更を申し出る場合についてですが、記載されている通称はひとたび社会生活上通用しているとされた通称であることから、その変更は原則的には認められません。

ただし、日本人の戸籍と同様に、婚姻等の身分行為を契機として従前の通称を削除し、身分行為の相手方の氏を使用した新たな通称を申し出る場合は、当該身分行為以降に、社会生活上通用していることが考えられるため、通称の変更を申し出ることができます。

なお、この身分行為等に基づき通称の変更を申し出る場合であっても、

「名」の部分に以前の通称と異なるものを記載することは、原則として認められません。

また、国外への転出や在留資格の喪失等により、住民票が消除され、通称の履歴が引き継がれない場合で、今まで記載されていた通称と異なる通称を記載することも原則として認められません。

●住民基本台帳

Q52　警察への住民異動届の貸出し

警察から刑事訴訟法197条2項に基づき「捜査関係事項照会」として、筆跡・筆圧確認のための住民異動届（原本）の貸出しを要求された。県内他自治体では捜索差押許可状での貸出し例があることは確認したが、①「捜査関係事項照会」で貸出ししてよいのか、また、②閲覧させてよいのか、確認したい。

●関係法令

刑事訴訟法197条、住基法11条

A ●　住民異動届（原本）の貸出しについて

刑事訴訟法は「捜査については、公務所又は公私の団体に照会して必要な事項の報告を求めることができる」としています（同法197条2項）。

捜査関係事項照会について、警察庁通知では、「照会は、あくまで捜査のための必要事項の「報告」の要求であることから、直接帳簿、書類等（謄本を含む）の提出を求めることは本条を根拠としてはできない。ただし、公務所等が自発的に謄本を提出して報告に代えることは何ら差し支えない。」としています（「捜査関係事項照会書の適切な運用について（通達）」平成31年3月27日付け警察庁丁刑企発第49号ほか）。

したがって警察は、捜査関係事項照会により住民異動届（原本）の提出を求めることはできませんが、自治体の判断により提出することはできると解されます。

● 住民異動届（原本）の閲覧について

刑事訴訟法197条2項に基づき「捜査関係事項照会書」を持参して住民基本台帳に記載されている情報照会を行う場合には、住基法によらない請求として取り扱うこととして差し支えないとされています（「国又は地方公共団体の機関による住民基本台帳の一部の写しの閲覧請求における請求事由を明らかにすることが事務の性質上困難であるものの例示について」平成18年10月4日付け総行市第135号総務省自治行政局市町村課長通知）。

したがって、住基法11条に基づく閲覧の対象となっていないことから、その取扱いは各自治体の情報公開条例、個人情報保護条例等に基づき取り扱うことになり閲覧を認めることも可能だと考えます。

Q 53

●マイナンバー

紛失等に伴うマイナンバー変更に関する基準

住民からマイナンバーカードの紛失等を理由とする個人番号（マイナンバー）の変更請求を受けた場合、どのような基準で対処すべきか。

●関係法令

行政手続における特定の個人を識別するための番号の利用等に関する法律７条

A ● マイナンバーの変更請求

⑴　法令の定め

行政手続における特定の個人を識別するための番号の利用等に関する法律７条２項では、市町村長は、マイナンバーが漏えいして不正に用いられるおそれがあると認められるときは、政令で定めるところにより、その者の従前のマイナンバーに代えて、新たなマイナンバーを指定し、通知しなければならないものとされています。

さらに、同法施行令３条では、マイナンバーの変更請求をしようとする者は、従前のマイナンバーが漏えいして不正に用いられるおそれがあると認められる理由その他総務省令で定める事項を記載した請求書を提出しなければならず、請求書の提出を受けた際、市町村長は疎明資料の提出を求めることができるものとされています。

⑵　マイナンバー変更の可否

つまり、マイナンバーの変更可否は、請求を受けた市町村長が個々の事案ごとに判断することとなります。

①　変更可能なケース

主なケースを例示すると、以下のとおりです。

・マイナンバーカードを盗難等により紛失した場合

・マイナンバーを含む個人情報が名簿業者等で売買された場合

・マイナンバーが漏えいし、インターネット上で不特定多数の者が閲覧できる状態に置かれた場合　　など

②　変更の可否の判断に付随する考え方

また、総務省発出の質疑応答において、以下の考え方が示されています。

・単に窓口で第三者に見られたということだけをもって、必ずしも変更の必要性が生じるものではない。

・疎明資料の提出については、個別の事情により、市町村の判断で提出を不要とすることが可能である。

なお、マイナンバー利用事務においては、本人確認（身元確認＋番号確認）が義務付けられているため、仮にマイナンバーが漏えいした場合でも、それだけでは悪用できない仕組みとなっています。

●マイナンバー

Q54 給与支払報告書提出時における個人事業主の本人確認の省略

給与支払報告書（総括表）の提出をするとき、個人事業者の場合は1枚目に自分のマイナンバーを記載することとなり、市町村の受付事務の際は本人確認用の添付書類によって確認処理を行っているが、前年に確認処理をしている場合は、本人確認を省略しても問題ないか。

●関係法令

行政手続における特定の個人を識別するための番号の利用等に係る法律施行規則3条5項

A マイナンバー利用事務実施者である自治体において、住民が人違いでないことが明らかである場合は身元確認書類の省略も可能です。

●　事業主による給与支払状況の報告

事業主は従業者の個人住民税を特別徴収する義務があり、毎年1月に従業者の住所地の市町村に給与支払状況を報告する必要があります。

この給与支払報告書（総括表）については、事業者のマイナンバーの記載が義務付けられていますが、個人事業者の場合は事業主のマイナンバーの記載も必要とされ、提出時に個人事業者の本人確認が必要となります。

● 確認書類の省略が認められる場合

行政手続における特定の個人を識別するための番号の利用等に係る法律施行規則３条５項において、個人番号利用事務等実施者は、マイナンバーの提供を行う者と雇用関係にあることその他の事情を勘案し、人違いでないことが明らかであるとマイナンバー利用事務実施者が認める場合には、身元（実存）確認書類を要しないものとされています。

総務省が「デジタル PMO」に記載している「過去のお問い合わせ一覧」においては、マイナンバー利用事務実施者である自治体において、住民が人違いでないことが明らかである場合は身元確認書類の省略も可能と考えると回答しています。

総務省の告示例では、「人違いでないことが明らかである場合」とは、知覚すること等により、マイナンバーの提供を行う者が本人であることが明らかな場合であるとされており、対面で確認することによって本人と確認できることが必要とされています。

Q55

●マイナンバー

情報連携におけるマイナンバーの記載及び添付書類の取扱い

マイナンバー制度における情報連携の本格運用開始後、申請者が申請書類にマイナンバーを記載しない場合、どのように対応すべきか。

●関係法令

行政手続における特定の個人を識別するための番号の利用等に関する法律３条等

A ●　マイナンバー制度における情報連携

マイナンバー制度における情報連携とは、各種手続の際に住民が行政機関等に提出する書類（住民票の写しや課税証明書等）を省略可能とするため、「行政手続における特定の個人を識別するための番号の利用等に関する法律」に基づき、異なる行政機関等の間で専用のネットワークシステムを用いた個人情報のやり取りを行うことです。

平成29年11月13日から、情報連携の本格運用が開始され、対象の手続については、マイナンバーを申請書等に記入することで、住民が行政機関等に提出する必要のあった添付書類を省略できるようになりました。行政機関等は、同法３条の基本理念に基づき、添付書類を省略できる手続については、この情報連携を活用して事務処理を行うことが基本となります。

●　マイナンバー利用事務

マイナンバー利用事務では、申請等に係る各制度の個別法令において、マイナンバーを記載・提出することとされているため、当該申請者本人から提供を受けることが基本となります。

ただし、申請書類にマイナンバーを記載するよう求めてもなお、申請者がマイナンバーの提供を明示的に拒否する場合は、「情報連携を行わず、申請者に添付書類の提出を求めることが適切」とされており、申請者に従前どおり、個々の申請の度に添付書類の提出を求めることが適当です（「情報連携の本格運用開始に関するＱ＆Ａ」（平成29年11月8日付け内閣官房番号制度推進室及び総務省大臣官房個人番号企画室））。

8 認可地縁団体

●認可地縁団体

Q56 地区が重複する地縁団体の認可の可否

既に認可されている地縁団体Aの一部である地域Bが、他の地縁団体Cの地域の一部として認可を受けることは可能か。

●関係法令

自治法260条の2

A● 認可地縁団体制度について

自治会・町内会等の「地縁による団体」は、従来、保有する不動産について、自治会等の名義で登記をすることができなかったところ、平成3年の自治法の改正により、一定の要件を満たす場合に、市町村長の認可を受けて法人格を取得し、登記名義人となることができる、「認可地縁団体」の制度が創設されました。

ただし、いわゆる婦人会やスポーツ団体のように、性別や活動の目的等が限定されているものは地縁による団体に該当しません。

● 地区が重複する場合の認可

この制度は、不動産登記ができないこと故に生じていた様々な支障を解消するものであり、「市町村長の認可の要件も、現に一定の区域で当該地縁による団体が安定的に存在しているか否かを確認するもの」(地方自治制度研究会編著『地方自治法質疑応答集』（第一法規）3239 頁）という趣旨を踏まえると、「ある個人がいくつかの地縁団体の会員となり、その区域が重なっているからといってどちらかの団体が法律上の権利義務の主体になることを制約されるとするべきでなく、実態の伴ったものであれば１人の住民が複数の地縁による団体の構成員となることも可能」と解されます（前掲書 3240 頁）。

また、自治法上は、一地域一団体でなければならない規定はありませんので、Ａ地区と区域が重複しても、Ｂ地区を含むＣ地区が認可要件を満たしていれば、Ｂ地区はＣ地区の地縁団体としても認可を受けられると考えられます。

●認可地縁団体

Q57 書面による認可地縁団体の総会の開催

自治法 260 条の 13 の規定により、認可地縁団体は、少なくとも毎年１回、構成員の通常総会を開かなければならないとされているが、年度内に総会が開催できない可能性がある場合に、書面による開催は可能か。

また、仮に総会が開催できなかった場合、当該団体への市町村長の認可が取り消され、解散しなければならないか。

●関係法令

自治法 260 条の２、260 条の 18、260 条の 20

A ● 総会の書面による開催・表決の有効性

総会の参加者が定数に達しており総会の開催が有効ならば、自治法 260 条の 18 の規定により、認可地縁団体に出席しない構成員は書面にて表決することができるとされていますが、書面による出席・表決を前提とした総会の開催の有効性については、同法上に規定がありません。

● 特例としての書面（Web 等）での開催

コロナ禍である等の社会情勢を考慮し、当該年度の総会が未実施の場合は、地縁団体の規約上の規定にもよりますが、書面による開催・表決もやむを得ない対応と考えられます。

その場合には、書面による開催・表決は、あくまで現在の社会情勢を考慮しての対応であることを、構成員に十分に周知し構成員の理解を得ることが必要になります。

また、「書面で、又は代理人によって表決をする構成員が相当数見込まれる状況において、実際に集まらずとも、出席者が一堂に会するのと同等に、相互に議論できる環境であれば、Web 会議、テレビ会議、電話会議などにより総会を開催することも可能」とされています（「新型コロナウイルス感染症の拡大に伴う認可地縁団体における総会等の開催方法の取扱いについて（通知）」令和２年３月 19 日付け総務省自治行政局市町村課事務連絡）。

● 総会が開催されなかった場合は、解散となるか否か

市町村長が認可を取り消すことができるのは、同条２項各号に掲げる要件のいずれかを欠くこととなったとき又は不正な手段により認可を受けたときであり（同法 260 条の２第 14 項）、認可が取り消された場合、当該団体は解散することとなります（同法 260 条の 20 第３号）。

本ケースでは、上記認可取り消しの要件に該当しないため、認可は取り消されず、したがって直ちに解散となることはないものと思われます。仮に総会が何年にもわたって開催されないなど、団体運営の民主的自律性が損なわれている状況も生じる可能性はありますが、第一に団体内部で解決が図られるべきものであり、市町村は認可地縁団体に対して一般的監督権限を有しないことから（「地方自治法の一部を改正する法律等の施行について」平成３年４月２日付け自治行第 38 号自治省行政局行政課長通知）、認可取消については抑制的に判断する必要があるといえます。

●認可地縁団体

Q58 認可地縁団体の役員の規約上の選任方法を「会員の持ち回り」とすることの可否

市内のある地区では、認可地縁団体の役員の選任に苦慮している。このため、役員選任の手続を会員による持ち回りにしたいが、団体の規約上に「役員の選任を会員の持ち回りとする」旨の記載をすることにより、総会の決議を省略することは可能か。

●関係法令

自治法260条の2、260条の16

A● 認可地縁団体の規約

自治法260条の2第3項において、認可地縁団体の規約には、以下の項目が定められていなければならないものとされています。

①目的

②名称

③区域

④主たる事務所の所在地

⑤構成員の資格に関する事項

⑥代表者に関する事項

⑦会議に関する事項

⑧資産に関する事項

● 本ケースの場合

(1) 規約で定め、総会の決議を省略することの可否

認可地縁団体の役員の選任方法等に関し、法律上の規定はありません。

しかし、「認可地縁団体の事務は、規約で代表者その他の役員に委任したものを除き、すべて総会の決議によって行う」（同法第260条の16）との規定を踏まえますと、役員の決定を総会の決議によらないで、「会員の持ち回りにより役員を選任する」旨を規約に記して施行することは、法の趣旨に照らして適当でないと思われます。

⑵　内規等で定めることの可否

総会に諮る役員候補者について、「会員の持ち回りにより決定する」ことを認可地縁団体の規約ではなく、内規等で定めることは可能と思われますが、同法260条の16の規定に基づき、当該内規等を定めるに当たっては、総会の決議が必要と解されます。

さらに、内規等を定める場合に、単に「会員の持ち回り」で決めるものとするだけでは、その役員候補者が具体にどんな人かという人物の特定等が難しい場合もあります。法人たる認可地縁団体のいわば総意として役員を決める以上、その選任方法については、このような点も踏まえ、一定の工夫が必要になると考えます。

●認可地縁団体

Q59 認可地縁団体が所有する不動産に係る登記の特例

認可地縁団体が、その代表者等の名義で登記されている土地について、団体名義とするため所有権移転登記手続を行う際の、自治法260条の38第1項に規定される不動産に係る登記の特例について、次の点を確認したい。

【質問1】　土地登記簿に記載されている登記名義人が「○○外○人」とされており、共有者の氏名、住所の記載がなく共有者個人の特定ができない場合、不動産に係る登記の特例が申請できるか。

【質問2】　不動産の登記名義人が昭和40年頃に亡くなっているが、その方が認可地縁団体の構成員であったことを疎明するための資料が入手困難な場合、地域の実情に精通した者の証言としては、どの程度の内容が求められるか。

●関係法令

自治法260条の2第1項、260条の38各項、260条の39各項

A●　認可地縁団体が所有する不動産に係る登記の特例

認可地縁団体が所有する不動産については、登記簿の登記名義人が多数で相続登記がされていないなどの理由により、登記義務者が判明しない場合があり、これが、認可地縁団体への所有権移転登記に支障を来していることがあります。

そこで、平成26年の自治法の改正において、一定の要件を満たした認可地縁団体が所有する不動産については、市町村長が一定の手続を経て

証明書を発行することで、認可地縁団体が単独で登記の申請を行うことができるとされました（同法260条の38）。

この特例の適用を受ける要件としては、以下の4要件すべてを満たしていることが必要です。

①当該認可地縁団体が当該不動産を所有していること。

②当該認可地縁団体が当該不動産を10年以上所有の意思をもって平穏かつ公然と占有していること。

③当該不動産の表題部所有者又は所有権の登記名義人の全てが当該認可地縁団体の構成員又はかつて当該認可地縁団体の構成員であった者であること。

④当該不動産の登記関係者の全部又は一部の所在が知れないこと。

● 質問1について

上記③の確認が取れない状況にあることから、特定できない登記名義人の調査をする必要があり、具体的には閉鎖登記簿や旧土地台帳の取得のほか、法務局における共同人名票の有無の確認が考えられます。

そして、それでも登記名義人のすべての人が特定できない場合は同法260条の38に規定する不動産に係る登記の特例による申請をすることができませんが、認可地縁団体を原告とし、登記名義人として記載のある「○○外○人」を被告とする所有権確認訴訟を提起する方法も考えられます。

なお、国土交通省のホームページには「所有者の所在の把握が難しい土地に関する探索・利活用のためのガイドライン（第3版）」が公表されており、解決事例が豊富に掲載されているので、参考になると思われます。

●　質問２について

　認可地縁団体の構成員には、区域に住所を有するすべての個人がなれるものであり、年齢や性別はもちろん、区域での活動等を構成員の資格要件とすることは認められていないため、「自治会内で隣人と近所付き合いをしていた」ことや「その自治会内の総会や祭典等のイベントに参加していた役員であった」などの証言までは不要であり、自治会長や地域の実情に精通した者からの、「自治会内に居住していた」という証言内容を得ることができれば、そのことをもって足りると考えられます。

Q 60

●認可地縁団体

宗教的施設に係る不動産登記の特例の適用の可否

地域で管理している宗教的要素のある不動産を登記するに当たり、自治法260条の38の不動産登記の特例を利用できるか。

なお、当該施設の土地は、認可地縁団体で管理し、約20名の共有名義となっており、地域行事として念仏を唱える等の事業が行われている。

●関係法令

自治法260条の38

A 認可地縁団体が所有する不動産に係る不動産登記法の特例については、**Q59**を参照してください。

● 宗教的要素のある不動産の所有について

「地縁による団体は、いわゆる公共団体ではなく、（中略）宗教的活動の禁止や宗教上の組織等に対する支出の制限を定めた憲法上の規定（第20条第3項、第89条）との関係が生じることはありません」（地縁団体研究会編集『第2次改訂版 自治会、町内会等法人化の手引』（ぎょうせい）85頁）とされていることと、自治法260条の38に係る要件にも特段の規定はないことから、宗教的要素のある不動産の所有についての制限はないと考えます。

しかし、信教の自由の観点から、各構成員の事情に十分配慮して、団体内の登記についての合意を得る必要があると考えます。

9 その他

●行政指導

Q61 行政指導とその違法性

市職員が法定の許可申請事案において行き過ぎた行政指導を行ったため、申請者側が本来必要のない図面・資料等の作成を行い、申請は許可されたものの、予想以上に申請書の作成経費がかさんでしまった。許可に当たり本来は不必要な図面・資料の作成経費に係る損害賠償（訴額約200万円）を求められた場合、市としてはどう対処すべきか。

●関係法令

行政手続法２条６号、32条１項、国賠法１条１項２項、各市町村の行政手続条例

A● 行政指導とは

⑴ 法律上の定義

行政機関がその任務又は所掌事務の範囲内において一定の行政目的を実現するため、特定の者に一定の作為又は不作為を求める指導、勧告、助言その他の行為で、行政処分に該当しないものと定義されています（行政手続法２条６号）。

⑵ 運用の基本

上記のように定義されていても、実際、具体的にどのようなものがこれに該当するかについては当事者間で争いが多いと思われますが、一般

ルールとして、同法32条１項に規定される以下の２点が運用の基本となります。

・行政指導にあっては、行政指導に携わる者が、当該行政機関の任務や所掌事務の範囲を逸脱してはならないこと
・行政指導の内容はあくまでも相手方の任意の協力によってのみ実現されるものであることに留意しなければならないこと

● 行き過ぎた行政指導

この問題を、２つの論点で考えてみます。

⑴ 行き過ぎた行政指導により申請者に本来不要な多額の経費出捐が生じた場合、この行政指導は違法性を帯びるか。

① 許認可事務における依頼

許認可事務においては、法令（条例・規則を含む）に規定された書面・資料だけでは申請対象の現況・実態が十分に把握できず、許認可が妥当かどうかの判断が難しいケースもあります。そこで、付随的に資料や図面などの提出を申請者に依頼する場合があり得ます。

② 行き過ぎた行政指導と判断される場合

担当者が現場に行けば容易に現況や周辺状況が把握できるのに、現況説明書類や周辺広域の図面を要請する、あるいは申請内容自体と特に関係のない事項に関する資料を要請するなど、法令の基準を明らかに超えた指導を行えば、行き過ぎた行政指導として違法性を帯びます。

この場合、申請者は作成・提出を拒否できます。

ただ、申請者としては多少の出費は我慢しても早く許可を取りたいとの思いから、市担当者の要請に応じた結果、生じた関係経費が大きくなり、違法な行政指導により損害を被ったと考え、市に対し事後的に調停申立や訴訟提起に至ることもあり得るところです。

③　違法性判断のポイント

本件は、適正な許認可手続のため、法令の規制目的及び許認可の基準に照らし、当該書類が必要不可欠と言えるものであったかどうかが違法性の判断においてポイントとなります。

この点、行政手続法は、行政指導に携わる者の義務として、その相手方に対して、当該行政指導の趣旨及び内容並びに責任者を明確に示すよう要求しています（同法35条1項）。

許認可を行う行政庁としては、これまでの実務的慣例や直近の先例に流されるのではなく、関係法令に照らして真に必要不可欠な書類を要請しているか、当該書類の要請理由（目的）はそもそも何であるかを厳格に整理し、資料要請について説明責任を果たすことが重要であり、このような整理は明解かつ精緻に行うことが必要です。

⑵　担当者個人の責任……仮に市で損害を賠償することとした場合、市は当該賠償による支払額を担当者個人に求償できるか。

担当者への求償については、**Q114** を参照してください。

Q 62

●行政代執行

公共サービスに影響のある私人行為への対応

自治体は私人の空き地の立木の剪定や雑草の刈り取りができるか。

私人が公共の広場又は公園の一角に廃棄・放置したナンバープレートもない自動車を、自治体が自ら撤去できるか。

●関係法令

行政代執行法、民法197条ほか（占有の訴え）、自治法2条2項・3項

A ● 私人所有財産の管理問題

私人の所有地が十分に管理されず、近隣の住民生活や公共施設の管理に具体の影響が出るケースは、近年増え続けています。これに伴い、所有者の高齢化や相続の争いなどに伴う私人所有財産の管理問題への対応が、市町村に強く要望されるようになっています。

放置されたまま管理されない私人の土地に繁茂した草木、立木、そして堆積したごみなどは、蚊やハエなどの衛生害虫の発生源となるほか、第三者からのごみ不法投棄の対象になったりします。また、伸びた立木の枝葉は近隣民家への影響や道路交通の妨げにもなり、様々な社会的弊害を生じることとなります。

いわゆる所有権絶対の原則から、こうした事態の解消は本来、当該私人が自ら措置すべきものです。しかし、その速やかな措置が期待できないケースも多いため、関係の苦情や要望が寄せられる自治体としても、大変頭の痛い問題と言えます。

● 私人所有財産へ自治体としての関与

(1)「地域の事務」としての関与

まず、自治体としてこうした問題には全く関与できないかと言いますと、自治法２条２項及び３項にあるように、市町村の「地域の事務」として関わることは可能です。

そこで、このような問題に対し公衆衛生上、防犯上あるいは地域交通の確保の見地から、公的規制をかけることも可能と解されます。具体的には自治体の条例で、規制対象となる不良状態や規制の方法につき明示することになりますが、ここで考えなければならないのは、行政代執行法との関係です。

行政上の義務履行の確保につき一般的に規定しているのは、現行法体系上この行政代執行法のみであり、その要件を満たす場合、すなわち代替的な作為義務が履行されず、他の手段では当該履行が困難で、しかもその不履行の放置が著しく公益を害する場合には、関係行政庁が義務者たる私人のなすべき行為を行い、その費用を当該義務者から徴収できます（行政代執行法２条）。

(2) 条例を制定した上での関与

条例は法律に違反して制定することができないので（自治法14条１項）、条例では行政代執行法２条で認められている代執行を除き、行政上の義務履行の確保のための手段は規定できないことになります。

そこで、同条に規定する強制執行手段に至るいわば前段の手法として、全国のいくつかの例に見られるように、放置された私人の空き地に関し、市町村長の義務者に対する指導、助言の権限やそれらに従わない場合の措置命令を規定する条例を制定することは可能です。

(3) その他の関与

① 民法の占有権に基づく妨害排除請求権を行使

これ以外に、例えば市町村が所有、管理する公園などの施設内に廃棄自動車が放置された場合、所有者が特定できれば民法の占有権に基づく妨害排除請求権を行使（占有訴権：同法198条）できますが、結局は民事調停を含む訴訟行為であり、撤去に及ぶまでに時間がかかったり、あるいは所有者が特定できず訴訟行為に及べなかったりすることもあります。

② 行政代執行

市町村の再三の指導や要請にも応じない、又は応ずることができない所有者に対しては、終局的には現行法体系上、やはり法定の行政代執行によることが最も効果的ということになります。

● 法的措置前にまずコミュニケーションを

法的には上記のような結論になりますが、空き地や空き家などの場合、原因者たる所有者等と連絡が取れる場合は、法的措置に至る前に、まず丁寧なコミュニケーションが必要でしょう。

代執行等で一時的に事態が改善されても、原因者側の様々な事情で同様の状態が繰り返される可能性もあります。地区の方々の協力も得ながら、原因者の心に寄り添い、福祉関係課なども交えて、原因者の抱える生活上の課題を解決していく姿勢も必要と思われます。

●行政手続

Q63 聴聞手続の主宰者

総務課が担当する不利益処分に係る聴聞手続の主宰者は誰にしたらよいか。本来は、不利益処分を担当する職員以外の者とするのが適切と思うが、小規模な団体では難しい。総務課長を主宰者としてもよいか。

●関係法令

行政手続法３条３項、13条、19条１項・２項、46条

A 行政手続法３条３項により、地方公共団体の機関がする処分及び行政指導、地方公共団体の機関に対する届出並びに地方公共団体の機関が命令等を定める行為については、行政手続法の適用除外とされています。

そして、同法46条により、地方公共団体は、適用除外とされた手続について、行政手続法の趣旨にのっとり、必要な措置を講ずるよう努めなければならないと規定されています。各自治体は、この規定に基づき、「行政手続条例」を定めていることと思われます。

また、行政手続法では、許認可の取消・撤回処分や資格・地位の剥奪処分については聴聞手続を、それ以外の不利益処分については弁明の機会の付与を規定しています（同法13条）。

●　聴聞手続

聴聞主宰者による口頭の対審手続の下で、不利益処分の理由と原因事実の有無が争われるものであり、この主宰者は行政庁により指名される職員（その他政令で定める者）とされており、不利益処分案件について

主に従事した職員を主宰者から除斥していません（同法19条1項・2項）。

⑴　聴聞主宰者について

「行政手続法の施行に当たって」(平成6年9月13日付け総官第211号総務事務次官通知）によると、聴聞主宰者については、「不利益処分を行う立場にある課等の責任者を主宰者に指名することを排除するものではないが、当該行政庁の組織等の態様等に応じ、当該責任者以外の職員を主宰者に充てることが可能である場合にあっては、国民の聴聞運営への理解に資する観点からは、当該責任者以外の職員を主宰者に指名するなど配慮することが望ましい」とされています。

また、「一方において、聴聞制度の趣旨について十分に理解しておくことが必要であるが、他方において、当該事案についての実体的専門知識も要求されることが多いと思われる。この両者の要請を勘案して、かつ、当該調査に携わった者以外の者から適任者を見出していかなければならない」(宇賀克也著『自治体行政手続の改革』（ぎょうせい）42頁）ため、具体的に誰を指名するかが難しい問題です。

⑵　具体的な運用

以下のような例が考えられます。

・処分課が所属する部局の総務担当課長

・処分課の課長補佐の職員のうち、当該不利益処分に関する事務を担当しない者

・総務部の法規担当課

以上を踏まえると、聴聞手続の主宰者には、当該事案に対する知識を有し、かつ、当該不利益処分に関する事務を担当する職員以外の者を指名することが望ましいと考えられます。

●　本ケースの場合

大規模な自治体では、処分課が属する部局の総務担当課長や、処分課の中で課長補佐が複数いた場合に、当該不利益処分を担当しないラインの課長補佐等を主宰者とすることができますが、町村等の小規模自治体では組織上難しいことが想定されます。

そのような場合は、総務課長（法規担当課長）を主宰者とすることも考えられます。また、本ケースのように、仮に処分課が総務課である場合には、上述の総務事務次官通知で禁止されていないため、処分課の責任者である総務課長を主宰者とすることもやむを得ないですが、聴聞の公正さについて疑問を抱かれないように、運営面での配慮が必要になると思われます。

Q64 恩赦に伴う犯罪人名簿の閉鎖

犯罪人名簿の閉鎖は、検察庁に刑の消滅照会を行った上で行っているが、恩赦による復権に伴い犯罪人名簿を閉鎖した者は、その後の消滅照会は不要としてよいか。

また、名簿の廃棄の方法について、通常の刑の消滅の場合と異なるか。

●関係法令

恩赦法9条、10条、復権令

A● 恩赦について

恩赦には、「大赦」、「特赦」、「減刑」、「刑の執行の免除」及び「復権」の類型があります（恩赦法1条）。

このうち、「大赦」及び「特赦」は、有罪の言渡そのものが効力を失うため、刑が消滅します。

一方、「復権」は、刑そのものが消滅するわけではなく、有罪の言渡を受けたため法令の定めるところにより資格を喪失又は停止された者に対して、資格を回復させるものです（同法9条、10条）。

● 復権が行われた場合

各自治体は、該当者の犯罪人名簿を閉鎖する必要がありますが、検察庁からの通知又は回答に基づかず、独自の判断で行うことはできません。検察庁からの恩赦事項通知書、もしくは、自治体から検察庁への消滅照会に対する回答によることが必要です（大霜憲司、冨永康雄著『三訂版

前科登録と犯歴事務』（日本加除出版株式会社）190頁）。

そして、自治体は、復権令で規定された基準日をもって、犯罪人名簿を閉鎖します。基準日が、刑法34条の2による刑の消滅の日（本来の刑の消滅予定日）より早い場合、基準日をもって犯罪人名簿は閉鎖されるので、それ以降は刑の消滅照会を行う必要はなくなります。

【参考】　今上天皇即位に伴う復権令（令和元年政令第131号）

1個又は2個以上の裁判により罰金に処せられた者で、その全部の執行を終わり、又は執行の免除を得た日から令和元年10月22日（以下「基準日」という。）の前日までに3年以上を経過したものは、基準日において、その罰金に処せられたため法令の定めるところにより喪失し、又は停止されている資格を回復する。ただし、他に禁錮以上の刑に処せられているときは、この限りでない。

●　犯罪人名簿の廃棄の方法

恩赦の場合も刑法34条の2による刑の消滅の場合も、その取扱いを変える必要はなく、各自治体で定める文書規定で定めた保存期間を経過した後、各自治体で定める方法で廃棄することになります。

第2章
議会・選挙

1 議会

●議員

Q65 市の政策と議員の兼業禁止

市の放課後児童クラブ事業の委託先として選定した私立学校の理事長が市議会議員である場合、この市議は自治法第92条の2にいう議員の兼業禁止規定に抵触することになるのか。

●関係法令

自治法92条の2、児童福祉法6条の3

A● 放課後児童健全育成事業

この事業は「放課後児童健全育成事業」といい、保護者が労働等により昼間家庭にいない小学校の子どもたち（いわゆる放課後児童）に対し、授業終了後に児童館等を利用して適切な遊び及び生活の場を提供し、その健全な育成を図るものです（児童福祉法6条の3第2項）。

放課後児童クラブは、全国で25,811か所設置され、登録児童数は約130万人となっています（令和元年5月1日現在：厚生労働省調査）。市町村や民間（社会福祉法人、父母の会、地域の運営協議会、NPO法人等）が主体となって、小学校の余裕教室や学校敷地内の専用施設、児童館内などに設置され、運営されています。

放課後の児童の健康管理、安全確認、遊びを通じての自主性、社会性、創造性の醸成、日常的な連絡や情報交換、家庭や地域での遊びの環境づくりへの支援など、放課後児童の健全育成上重要な役割を担っている訳ですが、設問のような学校法人や社会福祉法人に市町村が業務委託する場合、自治法92条の2にいう「請負」関係に立つものと考えられます。

同条にいう「主として同一の行為をする法人」に当たるかどうかは、当該団体にとって業務の主要部分を占めているか否かで判断されます。委託業務の頻度や稼動時間、充てられる予算（事業費）などが多く、当該団体の総業務量の半分を超えれば、「主として同一の行為をする法人」に当たると解されます。またそれ以外でも、当該請負が当該団体の業務の主要部分を占め、その重要度が市町村の職務執行の公正、適正を損なう恐れが類型的に高いと認められる程度にまで至っている場合は、「主として同一の行為をする法人」に当たると解されています（最判昭和62年10月20日民集第152号51頁）。

● 本ケースの場合

請負団体の業務のうち、放課後児童クラブの業務がごく一部で、団体の事業全体から見て業務の主要部分を占めないと客観的に認められれば、自治法92条の2に抵触するおそれは低いことになります。

しかしながら、議員が同条に抵触すれば失職しますし、該当するか否かの判断は議会が行いますから、市町村も団体も、このようなケースに当たってはやはり委託内容を十分に検討した上、慎重に判断することが望ましいと思われます。

●議員

Q66 議員の経営する店舗とふるさと納税登録事業者（議員の兼業禁止）

町議会議員が代表者となっている店舗（個人事業主）から、町のふるさと納税の返礼品業者に登録したい旨の相談があった。本ケースの場合、議員の兼業禁止規定に抵触しないか。

●関係法令
自治法92条の2、127条1項

A ● 議員の兼業の禁止

自治法92条の2で、議員に対して禁止している兼業は、次の2つの場合になります。

①当該地方公共団体に対する個人請負の禁止
②当該地方公共団体に対し請負をすることが主たる業務である法人の役員となることの禁止

● 本ケースの場合

本問の場合の事業者は個人事業主であるため、上記②には該当せず、上記①の該当性、すなわち町と当該事業者が「請負」の関係になるか否かを検討することになります。

本条にいう「請負」については、次の2つの要素から判断することになると考えられます。

(1)　一つは、民法所定の請負のみならず、いやしくも営業として、地方公共団体に対して、物件、労力などを供給することを目的としてなされる契約をもすべて含み、広く業務として行われる経済的ないし営利的な取引契約をすべて含むと解するとされていることです（松本英昭著『新版逐条地方自治法第９次改訂版』（学陽書房）358 頁）。

⑵　もう一つは、「請負」が一定期間にわたる継続的な取引関係に立つものでなければならず、単に一時的な売買契約であって、継続性、反復性が認められないものについては、本条にいう「請負」には該当しないとされていることです（前掲書 359 頁）。

●　ふるさと納税

多くの例では、寄附者からの情報をもとに町が登録事業者へ発注し、返礼品に要した費用（特産品代、送付費用）の請求を、登録事業者が町に対し、毎月（実績があった月に限る。）まとめて行っています。

この形態は、当該事業者が登録事業者である限りは、営利的な取引関係が反復・継続していると捉えられる可能性を否定できないことから、「請負」の該当性について慎重に判断すべきと思われます。

なお、最終的に本条に該当するか否かの判断は、自治法 127 条１項の規定により、議会が判断することとなります。

●議決案件

Q67 議決を要する契約案の否決と契約の相手方への損害賠償責任

議会の議決を要する契約案件が議会で否決された場合、自治体は仮契約の相手方に対し損害を賠償する責任があると言えるか。

●関係法令

自治法 96 条１項５号、民法 415 条１項

A ● 議決を要する契約

自治法は自治体にとって重要な一定の契約について、議会の議決を要するものとしており（同法 96 条１項５号）、そうした議案の内容について契約の目的、方法、金額及び相手方等が明示されている必要があると解されています（行政実例昭和 25 年 12 月６日自行発第 319 号…契約の種類及び金額については同法施行令 121 条の２第１項、同令別表第３）。

● 仮契約

このように議会の議決を要する契約の締結については、自治体当局においてあらかじめ契約内容を特定し、議決後は直ちに執行できるよう、契約の相手方と仮契約を締結しておく必要があります。そこで、この仮契約の法的性格とはどのようなものでしょうか。この点が、相手方に対する損害賠償の責任発生との関係で重要な論点となります。

⑴　仮契約の法的性質

この仮契約の法的性質として、以下のような解釈があり得ます（地方自治制度研究会編『地方財務実務提要』ぎょうせい）。

①議会の議決を得ることで発効するため、停止条件付きの契約である。

②議会の議決がなければ発効しないため、取り消し得る契約又は解除条件付きの契約である。

③議会の議決を得たとき本契約となる旨の合意を含む契約で、本契約についての予約である。

このうち、①及び②の解釈では、既に本契約が締結されていることになります。しかし、こうした契約について議会の議決を要する旨を自治法が規定していることは、重要な契約については首長のみの判断に任せず、二元代表制のもと、自治体の総体である首長・議会の双方が「意思決定」をして、はじめて契約が成立するものとした趣旨だと考えられます。したがって、基本的には③の考え方が最も妥当でしょう（以上、行政実例昭和27年6月9日地自行発第145号より。議決には「承認」や「同意」と表現される態様もありますが、議決の本来の法的性格は、住民代表からなる合議体としての議会の「意思決定」です。）。

このことから、議会の議決により、仮契約が当該議決を得た事項を内容とした本契約となり、契約の効果が発生するということになります（前掲行政実例）。

⑵　当該議決が得られなかった場合

さて、そこで、当該議決が得られなかった場合は、自治体側は仮契約の相手方に契約が成立するものと期待して行った支出や契約の対価などを損害賠償しなければならないのでしょうか。

さきほどの話にありましたとおり、仮契約は、本契約についての予約であり、仮契約の時点では、本契約は成立していないため、契約の債務不履行に基づく損害賠償責任は成立しないと考えられます（民法415条1項）。

【参　考】　支出負担行為との関係は？

予算に基づいた自治体の支出の原因となる契約その他の行為を支出負担行為といいますが（自治法232条の3）、仮契約の段階では支出負担行為をしたことにはなりません。会計管理者が長の支出命令を受けた場合でも、当該支出負担行為が法令又は予算に違反していないことはもちろん、当該債務負担行為に係る債務が確定していることが確認できない段階では、支出ができません（同法232条の4第2項）。

よって、仮契約の段階では支出できず、議会の議決を経て本契約を締結した行為をもって支出負担行為が完了し、支出の前提条件が整うものと解されます（以上、松本英昭著『新版逐条地方自治法第9版改訂版』（学陽書房）876、877頁）。

●議決案件

Q68 議決を要する契約案の内容変更と議会の議決

議会の議決を要する工事請負契約の議決内容（議案）に工期が入っている場合、当該工期内で工事完成ができなくなったとき、工期の延長についても議会の議決が必要か。また、この議案が否決された場合はどう対処すべきか。

●関係法令

自治法96条1項5号

A ● 議決済の契約の内容を変更する場合

議会の議決を経た契約について、議決事項の内容を変更するときは、軽易な事項を除き、全て議会の議決を経なければならないものと解されています（行政実例昭和26年11月15日地自行発第391号）。

そもそも工期自体を議決事項とすべきかどうかは、各自治体のそれまでの取扱いにもよりますが、工事の完成は自然災害の発生や気候など不可避的な事情で遅れる可能性があり、どうしても議決事項に加えなければならないものか否かは、実は議論のあるところです。しかしいずれにせよ、工期が議決事項としてあれば、これを変更するには議会の議決が必要です。

● 議会がこの工期変更議案を否決した場合

議会がこの工期変更議案を否決した場合、工期満了後の工事継続についてはどのように対処すべきでしょうか。

工期変更を否決する議会側の事情・理由も諸々の場合がありましょう

が、現に完成途上あるいは完成間近の工事を抱えていれば、自治体としてもこれを未了のまま放置することで、様々な公益上の支障が生じます。

元々の工期では完成不能であることが明白な場合（つまりどんなに前倒ししても、もはや不可能な場合）、発注者たる自治体は請負業者との工事契約を解除し、残存工事については別の業者と工事請負契約を締結して、工事を続行するという手法が現実的な対応となります。

●議決案件

Q69 議決を要する契約の解除と議会の議決

市が公共事業の工事施行に当たり、自治法及び条例に基づき議会の議決を経て、民間事業者と請負契約を締結し工事に着手した。ところが工事途上で地域住民の協力が得られず、工事を打ち切らざるを得なくなった。当該請負契約を解除する場合、議会の議決は必要か。

●関係法令

自治法96条1項5号

A● 議決済の契約の解除

議会の議決を要する契約は、議決をまって正式に締結されるもので、この契約の解除権は市長が有するものと解されます。自治法は、条例で定めるところにより、個々の契約ごとに議会の議決を要する旨規定していますが、解除については特に規定を設けていません。この自治法96条に規定する議決事件については制限列挙であると解されていますから、特に規定されていない契約「解除」については、議決は不要ということになります（行政実例昭和33年9月19日自丁行発第159号）。

ただし、一度は議会の判断を経て有効に成立した契約ですから、このような結果に至った事情について、市民に明確な説明責任を果たす必要があります。実務的には議会にその経過等について丁寧に説明しておくことが大切と思われます。

●議決案件

Q70　議会の議決が必要な契約案件【不動産】

【質問1】　市は防災公園用の敷地を、国庫補助を受けながら3か年で私人から購入する計画で、各年度では条例に定める面積、購入金額に満たないが、合計面積・金額ではいずれも超える場合、議会の議決は必要か。

【質問2】　市は福祉事業を総合的に展開する施設として、学校法人が所有する建物とその敷地を同時に取得したい。建物については条例の規定金額を超えないが、土地についてはこれを超える場合、議会の議決は必要か。

【質問3】　国庫債務負担行為による事業で、市の土地開発公社が先行取得した公園用地を3か年かけて市が予算措置し取得していく場合、議会の議決についてどのように考えるのが妥当か。

●関係法令

自治法96条1項8号、自治法施行令121条の2第2項

A　自治法96条1項8号は、その種類及び金額について同法施行令で定める基準により条例で定める財産の取得について、議会の議決を要するものとしていますが、当該基準は同法施行令の別表第四に示されています。本問は同表上欄の「一件」の解釈についてのものです。

この「一件」というのは、土地の一筆ごと、あるいは契約当事者ごとというのではなく、あくまで当局がその土地を取得する目的を基準として考えるべきだと言われています（行政実例昭和38年12月19日自治丁行発第93号）。

● 本ケースの場合

⑴ 質問1について

防災公園のような、まとまった面積の土地からなり設置目的が全体として同一かつ明瞭な公共用財産については、当該用地のため取得する土地の全体をもって「一件」と考えるべきですから、本件の場合、合計面積・金額で判断することが妥当です。したがって、議会の議決が必要です。また、用地取得に３年を要する場合は、債務負担行為等の設定が必要となる点は言うまでもありません。

⑵ 質問2について

不動産でも、土地とそれ以外では同法施行令の別表第四は基準を異にしているところ、土地及び建物を一つの契約で取得する場合には、どのように判断すればよいのでしょうか。ここで注意すべきは、同法施行令及びこれに基づく条例は、議会の議決を得るべき重要財産の範囲を定めたものであり、取得契約自体を議決対象としているものではない点です。

したがって、議会の議決の要否は、取得しようとする個々の財産について、各々の基準に照らして考えることとなります。そこで、本件の場合建物については議決を要しませんが、土地については必要となります。

⑶ 質問3について

前掲行政実例より、土地の取得目的の同一性が問題となります。本件の場合、３年に及ぶ用地取得であっても、目的が公園の造成という点で一致するため、買い入れる土地全体をもって「一件」とすることになります。

取得が３年をかけて行われるものであり、国庫債務負担行為による事業ですから、市においても債務負担行為により予算措置をしていることでしょう。そして、公社との取得契約は初年度に一括して締結することとなりましょう。よって、本件契約は、議会の議決が必要となります。

●議決案件

Q 71　議会の議決が必要な契約案件【動産】

【質問１】　市の新たな文化施設の建設に伴い、まとまった数の美術品を購入する場合、１点当たりでは条例の規定金額に満たないが、合計額ではこれを超える。この場合議会の議決は必要か。

【質問２】　単価契約を締結する場合の、議会の議決との関係で注意しなければならないことは何か。

●関係法令

自治法 96 条１項８号、自治法施行令 121 条の２第２項

A　自治法 96 条１項８号は、その種類及び金額について同法施行令で定める基準により条例で定める財産の取得について、議会の議決を要するものとしていますが、当該基準は同施行令の別表第四に示されています。同表では土地については「一件」という表現がされていますが、土地以外の不動産や動産についてはこの表現がありません。

これらについては、どのように考えればよいのでしょうか。

●　本ケースの場合

(1)　質問１について

締結しようとする個々の契約について、個々の契約金額が同法施行令で定める基準による条例の規定に該当するか否かで、議会の議決の要否を判断することとなります。

もともと美術品は各点に個性があり、一品ごとにその価値を評価されるものですから、厳密に言えば各品について売買契約が締結できるもの

と言えます（ただし、同一の者から数点の美術品を購入する場合もありましょう。）。

こう考えると、議会の議決を回避するため意図的に分割した契約を締結するのでない限り、美術品ごとに分けて契約を結び、それが結果として条例の規定に照らし、議会の議決が必要でない場合も十分あり得ます。

しかし、美術品については、購入の目的も重要です。本件のような市の新たな文化施設の建設は、単なる既存庁舎内の展示美術品の更新などとは異なり、市の文化政策の具体的推進という明確な目的がある訳ですから、その行政目的に照らせば、まとまった数の美術品購入には、売買金額や内容（内訳）等も含め、議会の審議を受ける必要があるのではないでしょうか。

国の公定解釈として、自治法施行令別表第四にいう、土地の取得に関する「一件」の解釈については、当局がその土地を取得する目的を基準として考えるべきだというのですから（昭和38年12月19日付け自治丁行発第93号）この解釈を類推適用すれば、具体の施設建設と併せ、その内部設営においてまとまった数量の動産を取得する以上、その内容や購入の視点、コンセプトなどについて議会の審議を受ける必要があるのではないかと考えます。

⑵　質問２について

自治体における単価契約とは、一定期間継続して給付を受けるという契約を締結する場合において、単価そのものを目的物の価格として、これに給付の実績数量を乗じて得た金額を代価として支払うもので、広報紙や公報の印刷発行契約、水、電気、ガスなどの長期供給契約などがその典型例です。

広報紙などの定期的発行物は、当初契約時においてほぼ総量が特定できますが、臨時的な発行もあり得ないものではなく、公報の発行については、年度により当然総量に差が出ます。水、電気、ガスなどについても同様でしょう。

行政実例昭和37年5月15日自丁行発第35号は、（予算の明確化や議会審議との関係からも）入札に当たり単価について予定価格を定めた場合でも、契約金額の総額を定めて契約を締結すべきだとしていますから、その総額が条例の規定に該当すれば議会の議決を要することとなります。

しかし、給付内容の性格上、総額の確定ができない場合は、予算として一定の見込額を予算調書等に記載するにとどまりますから、その総額が過去の実績や現在の推計から条例規定に該当するのが明白な場合を除き、議会の議決を要しないと考えることになります。個々の具体的な契約事例で、これまでの各々の契約実績等を踏まえて検討することとなりましょう。

●議決案件

Q72 上訴する場合の議会の議決

自治法96条1項12号により、普通地方公共団体（以下「自治体」という。）が上訴する場合は議会の議決が必要だとされているが、抗告訴訟の上訴についても、議会の議決が必要か。

●関係法令

自治法96条1項12号、行政事件訴訟法11条1項、38条1項

A 議会の議決は不要です。

●「訴えの提起」について

自治法96条1項12号により、自治体が審査請求その他の不服申立て、訴えの提起、和解、あっせん、調停及び仲裁の当事者となる場合には、議会の議決が必要とされています。

同条にいう「訴えの提起」とは、第一審たる訴訟の提起のみならず、上訴の提起をも含むものとされています。上訴とは、控訴、上告、抗告を言います。

ここで、自治体が原告として訴訟を提起した場合、その第一審の際の議決にて、議会が特に上訴につき改めて議会の議決を得べき旨を明確に示して議決した場合を除き、上訴の際に改めて議決を経る必要はないものと解されています。

一方、自治体が被告として訴訟を提起され、上訴する場合、議会の議決が必要です。

ただし、抗告訴訟(注1)については、同号は異なる規律をとっています。

●　抗告訴訟における議会の議決の要否

抗告訴訟では、議会の議決は不要です。

同号は、普通地方公共団体の行政庁(注２)の処分又は裁決に係る当該普通地方公共団体を被告とする抗告訴訟については、取消訴訟の被告適格を定める行政事件訴訟法11条１項とともに、それが同法38条１項により取消訴訟以外の抗告訴訟に準用される場合も含めて、抗告訴訟をその議会の議決を要する事項から除外しています。

したがって、抗告訴訟の上訴に当たっては、議会の議決は不要です。

（注１）「行政事件訴訟法の訴訟類型のうちの一つで、行政庁の公権力に関する不服の訴訟をいう。（中略）行政庁の公権力の行使又は不行使から生じる違法状態を除去し、権利利益の違法な侵害を排除することを目的とする一切の訴訟を抗告訴訟とする」（高橋、伊藤、小早川、能見、山口『法律学小辞典』（有斐閣）366頁）

（注２）「国又は地方公共団体の意思を決定し、これを外部に表示する権限を有する行政機関（前掲書242頁）」行政庁の類型としては、大臣、都道府県知事、市町村長等とされる。

【参　考】 議決の対象となる場合

区　分	第一審	上訴
訴える場合	○	△
応訴する場合	×	○
抗告訴訟	×	×

○：議決必要

△：第一審の議決の際に、上訴について改めて議決が必要な旨、明確に示して議決された場合は必要

×：議決不要

なお、控訴期間には２週間という時間的制約があるため（民事訴訟法285条、313条）、自治法179条１項に基づく、長の専決処分により、控訴することも考えられます。

Q73 議決を要する委託

町で検討している業務委託について、委託料が5,000万円を超える可能性がある。

自治法96条1項5号及び同法施行令121条の2第1項の規定及び町条例により、議会の議決に付さなければならない契約は、「予定価格5,000万円以上の工事又は製造の請負」となっているが、この業務委託の場合でも議決を要するか。

●関係法令

自治法96条1項5号、自治法施行令121条の2第1項、民法632条、643条

A● 議会の議決の対象となる契約

議会の議決の対象となる契約は、自治法96条1項5号及び同法施行令121条の2第1項により、「工事又は製造の請負」で「予定価格5,000万円」を下回らないこととされています。

契約の締結は、予算の執行として当然に長の権限であると考えられますが、金額の大きさ、契約内容や性質等によっては、当該自治体や住民にとって大きな影響が生じ得ることから、その契約締結の決定及び手続等については慎重を期すこととして、議会の関与を受けることとしたのが法の趣旨です。

● 請負

(1) 民法上における請負

「請負」とは、民法632条において、「当事者の一方がある仕事を完成

することを約し、相手方がその仕事の結果に対し報酬を与えることを約することによってその効力を生ず」るものと規定されています。つまり、「請負」は、あくまで仕事の完成を約する契約であり、当事者の一方が法律行為をなすことを相手方に委託する「委任（又は準委任）」（同法643条）とは区別されています。

⑵　具体的事例

一般的に考えると、「工事の請負」はイメージしやすいですが、「製造の請負」については、法律上明確な定義もなく、どのような行為が「製造の請負」に該当するのかは個々具体的に判断するほかありません。

例えば、行政実例によれば、「航空機によって写真を撮影し、これに基づいて地図を作成して納入する行為」は、それが一連の行為として行われる限り、地図を「製造」しこれを納入することを「請負」う行為であるとしており（行政実例昭和52年11月16日）、また、「工事の設計管理のみを契約の目的とする場合」は、「工事又は製造の請負」に含まれないとしています（行政実例昭和44年２月６日）。

上記の二事例を比較すると、地図の作成は、地図という「物」を作成し納入するという行為に着目して、請負に当たると解しているのに対し、建築工事の設計管理は頭脳労働を中心とし、設計図はその表現に過ぎないため、全体として請負には当たらないと解しているようです。

このような考え方を参考にして、個別具体的なケースに応じ、委託契約が「工事又は製造の請負」に当たるかどうかを判断する必要があります。

●議決案件

Q74 損害賠償額を定める議決の要否

自治法96条1項13号により、損害賠償の額を定める場合には議会の議決を要するところ、ある市では、保険適用により予算を伴わなかった案件について、議会の議決を経ていなかった。なお、同法180条に基づく専決処分の議決は行っていない。

【質問1】　予算計上を伴うか否かにかかわらず、損害賠償の額の決定には議会の議決が必要か。

【質問2】　過去に議会の議決を受けていない案件については、どう対応すべきか。

●関係法令

自治法96条1項13号、180条

A●　議決を欠いた執行行為の効力

議決を要する事件については議決を欠いた執行行為は、原則として無効となります。また、自治法96条1項13号は、「法律上その義務に属する損害賠償の額を定めること」を議決事件としています。

●　本ケースの場合

(1)　質問1について

損害賠償が全額保険会社から直接被害者に支払われ、支出義務を負わなくても、議決は必要となります。これは、行政庁の責任の所在を明確にし、賠償額の適正を図るための趣旨によるものです。ただ、同号の例外として、判決により損害賠償額が決定した場合や同法180条に基づく専決処分がなされた場合には、議会の議決は不要と解されます（松本英昭著『新版逐条地方自治法第9版改訂版』（学陽書房）380頁）。

よって、当該市は、同条に基づく専決処分の議決をしていないことから、全ての案件について議決を要し、そのため、その時点で違法状態が継続しているものと考えられます。

⑵　質問2について

こうした違法状態下にあっても、議会で追認的に議決をすることにより当該処分行為の瑕疵が治癒されるとも考えられることから、過去に議決を欠いた損害賠償を行っていたことが判明したのならば、今からであっても議会に対ししかるべき説明責任を果たし、議決を得ておくことがよいと考えます。

Q75 代物弁済についての議会の議決

自治法96条1項6号に基づき、代物弁済の議決を得ていれば、同項8号に基づく議決は不要と考えるが如何か。

●関係法令

自治法96条1項6号・8号

A 8号に基づく議決は不要と考えます。

自治法96条1項6号は、財産を交換し、出資の目的とし、若しくは、支払手段として使用し、又は適正な対価なくしてこれを譲渡し、若しくは、貸し付ける場合には、条例で定める場合を除くほか、議会の議決を要するとしています。

一方、8号は、前2号に定めるものを除き、その種類及び金額について政令で定める基準に従い条例で定める財産の取得又は処分をすることに、議会の議決を要するとしています。

● 本ケースの場合

本件の代物弁済は、同項6号にいう「支払手段として使用」に当たります。同項8号では、6号と7号に該当するものは除かれますので、6号に基づく議決を得ていれば、8号に基づく議会の議決は不要となります。

また、本件事案も、議会の条例により6号に定める議決類型を定めることで、条例の規定に従って議会の議決を経ずに行うことができます（以上、地方自治制度研究会編『地方財務実務提要第1巻』（ぎょうせい）による。）。

●議決案件

Q76 議会の議決を経た契約の議決を欠く変更

議会の議決を経て締結した契約に基づき市が貸し付けている建物と土地のうち、建物部分が台風の被害により使用できなくなった。市としては、災害復旧として建物解体を実施したいため、賃借人に対し、建物解体の了承を得るとともに、貸付料を変更しない内容で、当該契約を変更する予定である。

ついては、当初議会に諮った際に、自治法96条1項6号の規定（財産の減額貸付について）に基づき議会の承認を得、また、市側の不利益となる変更内容ではないことから、議会に諮らずに当該契約を変更してよいか。

●関係法令

自治法96条1項5号・6号、180条

A● 議決を得た事項の変更

自治法96条1項6号は、「適正な対価なくしてこれを譲渡し、若しくは貸し付ける」事件は、議会の議決を要するとしています。

同項5号について、行政実例（昭和26年11月15日）は、議会の議決を経た契約の、議決を得た事項の変更については、すべて議会の議決を経なければならないとしています。よって、同項6号の議決を得ていた場合でも、議決を得た事項が契約の内容として実現している場合は、議決を得た事項の変更として、議会の議決を要すると考えられます。

● 本ケースの場合

本事案については、当該建物の賃貸は、本件契約での市側の重要な債務であり、よって、議決を得た事項であると考えられます。したがって、当該契約の変更に際しては、同項6号に基づき議会の議決を要します。

一方で、同法180条に基づき、議会の権限に属する軽易な事項で、その議決により特に指定したものは、自治体の長が専決処分を行うことができます。同条に該当する軽易な事項で契約上変更が見込まれるような内容は、あらかじめこの専決処分の対象としておくことがよいでしょう。

また、直ちに建物を解体しなければ、重大な危険が発生する等のように、緊急を要し議会を招集する時間的余裕がない場合であれば、同法179条に基づく専決処分の対象となる可能性もありますが、慎重な運用が求められるところです（宇賀克也著『地方自治法概説第8版』（有斐閣）306～308頁）。

●不信任議決

Q77 長の不信任議決における議長の表決権

ある市の議会において、市長の不信任を議決することとなった。このとき、表決者に議長は含まれるか。

●関係法令

自治法116条2項、178条3項

A● 不信任の議決

現行制度の下では、両者ともに住民の直接選挙により選ばれた長と議員が、議会においてそれぞれ独立の立場として、相互に牽制し、その均衡と調和の上に民主的な議会を運営することが望まれています。

上記趣旨をうけて、自治法178条は、議会の不信任議決とそれに対する長の処置について定めています。同条1項は、議会が不信任議決をした場合、長は10日以内に議会を解散することができると定め、同条2項は、長が前項の期間内に議会を解散しなかった場合、又は、解散後初めて招集された議会において、再び不信任の議決がなされた場合、長は失職する旨定めています。

同条3項は、不信任の議決について、議員数の3分の2の出席と、1項の不信任議決の場合ではその4分の3の、2項の不信任議決の場合ではその過半数の議員の同意を要するとしています。ここで、この議員数に議長が含まれるかどうかが問題となります。

一方、同法116条2項は、議会の議事について、議長は、議員として議決に加わる権利を有しないとしており、通常の表決には議長は参加していません。それでは、それと同様に、不信任の議決においても議長は加わらないのでしょうか。

● 本ケースの場合

しかしながら、表決権は議会の構成員たることに由来するものであり、議員数に議長は含まれることからも、不信任の議決に加わることができるものと言えます。議長は議事進行を担い、特別の権限を持つとはいえ、議長も住民の直接選挙で選ばれる以上、長の不信任の議決へ加わるものと言えるでしょう（以上、松本英昭著『新版逐条地方自治法第9次改訂版』（学陽書房）454～456頁、621～624頁）。

2 選挙

●選挙制度

Q78 副市長・副町長・副村長の首長選挙への出馬

副市長・副町長・副村長が、市長選挙、町長選挙、村長選挙の候補者となる場合、どのような点に注意すべきか。

●関係法令

公選法89条、90条、136条の2、地公法4条、36条

A ● 公務員の立候補の制限について

公選法89条に基づき、地方公共団体の公務員は、一部の公務員を除いて、在職中は、公職の候補者となることができないとされているため、副市長・副町長・副村長が首長選挙の公職の候補者となるためには、その職を辞する必要があります。ただし、辞職の時期に関して制限はありません（なお、副市長・副町長・副村長の職を辞せず、告示日にその身分のまま立候補した（公職の候補者となった）場合は、告示日にその職を辞したものとみなされます（同法90条））。

● 政治的行為の制限の扱いについて

なお、出馬表明後、有権者に自分の政見等を知ってもらうため、政治活動を始めるものと思われますが、辞職した場合はもちろんのこと、副市長・副町長・副村長の職にとどまった場合でも、一般職の公務員と異

なり政治的行為の制限（地公法4条、36条）がありませんので、事前運動の禁止規定（公選法129条）に抵触しない限りは、自由に政治活動を行うことができます。

ただし、出馬表明後に副市長・副町長・副村長の職にとどまりながら政治活動を行う場合、副市長・副町長・副村長の立場として行っている公務が、その地位を利用した選挙運動（事前運動）に該当するおそれを生ずる場合もある（同法136条の2）ため、出馬表明の時期、辞職の時期については、十分に留意する必要があります。

Q79

●選挙制度

災害時、期日前投票所、投・開票所に避難所を併設する場合の注意点

地震や台風などにより、期日前投票所や投・開票所を設置している施設に避難所を開設する場合、どのような点に注意をしたらよいか。

●関係法令

憲法15条、公選法59条、60条（それぞれ48条の２第６項、74条において準用する場合を含む。）

A ● 投・開票所の設置について

公選法では、期日前投票所や投・開票所は市役所、町村役場又は市町村の選挙管理委員会の指定した場所に設けることとされており、期日前投票所や投・開票所を設置する場所に制限はありません。

したがって、期日前投票所や投・開票所を設置した施設が避難所として指定されている場合、地震の発生、台風の接近などにより、そのような施設に避難所を併設すること自体は問題ありません。

● 注意すべき点について

しかし、同法59条、60条に基づき、期日前投票所や投・開票所の秩序を保持するため、選挙事務従事職員とは別に避難所事務を行う職員を配置して避難者の誘導や対応に当たるなど、投・開票事務を適正に執行するとともに、避難所事務を円滑に行えるよう、十分な工夫と配慮により職員を配置する必要があります。

また、期日前投票所や投・開票所に避難所を併設した場合には、憲法

15条により保障されている選挙人の投票の秘密を保持するためにも、期日前投票所、投・開票所と避難所の間に間仕切りを入れるなど、期日前投票所、投・開票所と避難所のスペースを明確に区分することが必要です。

さらに、新型コロナウイルス感染症やインフルエンザ等の感染防止に配慮を要する時期にあっては、保健福祉関係部局や危機管理関係部局と連携した対応も必要になると考えられます。

限られた職員数で、こうした双方の重要事務を同時に的確に執行するのは本当に大変なことですが、最大限の尽力が求められるところです。

3 直接請求

●直接請求

Q80 直接請求の署名収集期間中に選挙がある場合の取扱い

条例の制定請求（直接請求）の署名収集期間中に市内の財産区議会議員選挙が予定されている場合、署名収集に制限はかかるか。

また、制限がある場合、その制限は、当該財産区の区域内のみでよいか。

●関係法令

自治法74条7項、296条2項、自治法施行令92条3項ただし書・4項1号、公選法268条

A● 直接請求のための署名収集の制限

自治法上、直接請求を行おうとしている地方公共団体の区域内で選挙が行われる場合は、一定期間（同法施行令92条4項に定められ、地方議会議員選挙の場合は、同項1号より、任期満了の日前60日に当たる日から当該選挙の期日までの期間を指します。）、その選挙が行われる区域内においては、直接請求のための署名収集を行うことはできないものとされています（自治法74条7項）。

(1) 制限の趣旨

この規定が設けられた趣旨は、公選法で選挙運動のための個別訪問や署名収集が禁じられているにもかかわらず、直接請求の名を借りてこれ

らのことが行われることのないよう、選挙運動と直接請求のための署名収集を時間的に切り離すことにより、双方の制度の適正な運用を確保するところにあります（松本英昭著『新版逐条地方自治法第9次改訂版』（学陽書房）269頁）。

そこで、自治法上の「地方議会議員選挙」には、次の2つの理由から「財産区議会議員選挙」も含まれます。

①「財産区」も地方公共団体であるため（特別地方公共団体）。

②財産区議会議員選挙についても、町村議会議員選挙に関する規定が適用されるため。具体的には戸別訪問や署名運動を禁じる規定が適用されます（自治法296条2項、公選法268条）。

⑵ 区域

そして、署名収集が禁じられる区域については、自治法上「選挙が行われる区域内においては署名収集を行うことはできない」とされていることや、上述のように本規定がそもそも設けられた趣旨を踏まえれば、「財産区議会議員選挙」が行われる区域（「○○財産区議会議員選挙」が執行される区域内（＝○○財産区の区域内））であると解されます。

なお、署名収集禁止期間を含む場合の署名収集期間は、当該財産区議会議員の任期満了の日前60日に当たる日から当該選挙の期日までの期間を除き、その前後を通じて31日以内となります（自治法施行令92条3項ただし書・4項1号）。

●直接請求

Q81　直接請求の請求代表者の資格

当市において、住民投票条例の制定を求める直接請求の手続が進められている。

請求代表者証明書の交付の後、請求代表者が市内で住民票を異動し、選挙人名簿と現住所が異なった場合、請求代表者としての資格に影響はあるか。

また、請求代表者のうち１人が死亡した場合には、どのような手続が必要になるか。

●関係法令

自治法74条、公選法21条

A●　請求代表者たる資格について

自治法74条1項により、「普通地方公共団体の議会の議員及び長の選挙権を有する者」は、条例の制定改廃の請求をすることができるとされていますが、この「選挙権を有する者」とは、５項で「選挙人名簿に登録されている者」とされています。

選挙人名簿の登録は、公選法21条の規定により、「当該市町村の区域内に住所を有する者に係る住民票が作成された日から（中略）引き続き３箇月以上住民基本台帳に記録されていること」が必要とされていることから、市内の異動ならば、選挙人名簿からは消除されていないはずなので、請求代表者となる資格が失われることはありません。

● 請求代表者の一人が欠けた場合

「直ちに請求代表者証明書を返付させ、これを訂正して代表者某が何月何日辞退を申し出たことを明瞭にするとともにその旨を告示しなければならない」とされています（行政実例「請求代表者の辞退」昭和23年7月10日）。

なお、請求書の訂正の方法としては、「単に辞退者の氏名を削除すれば足り、請求代表者全員の訂正印は必要ない」とされています（行政実例「署名の取消方法等」昭和32年12月11日）。

請求代表者が誰であるかは、署名収集その他直接請求の成否に影響を及ぼし得るものであり（松本英昭著『新版逐条地方自治法第9次改訂版』（学陽書房）263頁）、また、辞退の場合と死亡の場合を区別する必要もないことから、本問のケースのような死亡の場合であっても、辞退の場合と同様、請求代表者証明書を返付させ、訂正及びその旨の告示を行うとともに、請求書（及び署名収集受任者が持っている請求書の写し）についても訂正しておく必要があると考えます。

第3章
地方公務員

●条件付採用

Q 82 職員の条件付採用期間の延長

採用から６か月経過時に実勤務日数が 90 日に達しない職員に対する、条件付採用期間の延長の手続はどうしたらよいか。

また、その場合に、勤務実績の評価を慎重に行うため、実勤務日数が 90 日を超えるような延長を行ってもよいか。

関係法令

地公法 22 条

A ● 条件付採用について

職員の採用は、全て条件付のものとし、その職員がその職において６か月を勤務し、その間その職務を良好な成績で遂行したときに正式採用となり、（一定の事由により）正式採用とならない場合、条件付採用の期間を１年に至るまで延長することができるとされています（地公法 22 条１項）。

これは、競争試験又は選考によって採用された職員は、学力、適性等について一応の能力の実証は得ていますが、職務の遂行能力を真に有するかどうかは実務に携わって初めて明らかになる場合も少なくないことから、実地の勤務について十分な能力の実証を行うために設けられた制度です（橋本勇著『逐条地方公務員法第４次改訂版』（学陽書房）327 頁）。

● 条件付採用期間の延長

⑴ 延長期間

この条件付採用期間は、１年に至るまで延長することができますが、漠然と延長することは職員の身分関係を不安定なものにすることになるので、能力実証をするために必要な合理的な理由がある場合に限って延長することができると解すべきです（前掲書 332 頁）。

国家公務員においては、人事院規則８－12により、条件付採用期間の開始後６月間において実際の勤務した日数が 90 日（おおむね正規の勤務時間で勤務した日数）に満たない職員について、その日数が 90 日に達するまで条件付採用期間が引き続くものとする（ただし、１年を超えない）とされており、国から同様の内容の規則（案）も示されています（昭和 27 年 12 月４日付け自丙行発第 52 号自治省部長通知）。これらを踏まえて、地方公務員においても、各団体で同様の規定を定めていると思われます。

⑵ 延長の手続

なお、条件付採用期間を延長する場合の実務上の手続としては、任命権者が該当職員本人及びその所属長に対し、「実勤務日数が 90 日に満たないため条件付採用期間を延長する」旨を通知すればよいと思われます。

⑶ 延長できる事由

また、条件付採用期間を延長できる事由は、勤務日数不足の場合のみとされ、勤務実績の評価ができないことを理由として期間を延長することは、職員の身分の不安定な期間を任命権者の都合で延長することになるため許されず、期間延長はあくまで実勤務日数が 90 日に達するまでとするべきです（前掲書 332 頁）。

●条件付採用

Q83 条件付採用の延長と分限免職

４月に採用した職員が、９月末時点において精神疾患で病気休暇中である（職員の精神疾患と職場との間に因果関係はない。）。

条件付採用期間は、実際に勤務した日数が90日に満たない場合に限り、90日に達するまで（最長１年）延長することができるが、病気休暇をすべて取得した後、引き続き休職になった場合で、３月末現在で実際に勤務した日数が90日に満たない場合は、この職員を免職処分とすることができるか。

●関係法令

地公法22条、28条、労働基準法20条

A● 条件付採用期間の延長

⑴　条件付採用期間の延長について

条件付採用の延長期間や延長できる事由などは、**Q82**を参照してください。

⑵　正式採用決定の判断

任命権者は、条件付採用期間の上限が１年と設定されている以上、実際の勤務日数が90日に満たなくても、条件付採用期間が１年に達した時点で、それまでの勤務実績その他の状況等から判断して、正式採用するか否かを決定しなければなりません。

十分な能力の実証がなされないまま職員を正式採用することは好ましいことではありませんが、正式採用となっても、職員の適格性の欠如等が認められれば分限し得るので、１年をもって十分に実証し得なかった部分については、正式採用後の勤務態度等で判断し、それに応じた措置を講ずることもできます。ただ、条件付採用期間中における職員に対する任命権者の任命権における裁量と、正式採用になって地方公務員法上の身分保障を受けるようになってからの処分の裁量とは、その幅に差異があるので、できるだけ1年の期限内に職員として適格かどうかを判断するよう努めることが望ましいと考えます。

● 条件付採用期間中の分限処分

次のような判例が参考となります。

⑴ 判例1

「職員の条件付採用制度が法の原則である成績主義の貫徹に原由していること、及び正式採用するか否かを決する最終段階での選択方法としてとられていることに鑑みれば、適格性の有無の判断については正式採用職員の場合に比較して任命権者により広い裁量権が与えられているものと考えるべきであるが、しかしそれは純然たる自由裁量ではなく、前示のように（注:「分限事由にはそれ自体おのずから制限があり、客観的に合理的な理由が存し、社会通念上相当とされるものであることを要する。」）合理的な判断の限界を超えてはならないことは言をまたないところである。」（最判昭和53年6月23日民集第124号141頁）（地方公務員法研究会編『地方公務員関係法令・実例・判例集判例編⑴』（第一法規）

⑵ 判例2

「条件付採用期間中の職員に対する分限処分は、その分限事由の有無の判断につき、任命権者に相当広い裁量権が認められているものと解されるので、その判断が客観的に合理性をもつものとして許容される限度を越えた不当なものと認められる場合に限り、裁量権の行使を誤った違法なものになると解するのが相当である。」（鹿児島地判昭和61年7月18日昭59（行ウ）3号）（前掲書）

●　心身の故障の場合の分限免職

⑴　分限免職の措置

地公法28条1項2号では、職員が心身の故障のため、職務の遂行に支障があり、又はこれに堪えない場合には、その意に反して、降任又は免職することができるとされており、同条2項1号では、職員が心身の故障のため、長期の休養を要する場合には、その意に反して休職することができるとされています。一般的に、心身の故障の場合には、短期間の療養によって回復する見込みがあるときは病気休暇、長期を要するときは休職、回復の見込みがないか治療に極めて長期間を要するときは、他の職に適当なものがあれば降任、いかんともし難いときは免職により、それぞれ措置することが適当であるとされています。

⑵　手続

①　医師の診断

心身の故障の場合の分限免職の場合の手続ですが、国家公務員の場合では、「任命権者が指定する医師2名によって、長期の療養若しくは休養を要する疾患又は療養若しくは休養によっても治癒し難い心身の故障があると診断され、その疾患若しくは故障のため職務の遂行に支障があり、又はこれに堪えないことが明らかな場合」に、降任若しくは免職できるものとされています（人事院規則11－4第7条3項）。地方公務員についても条例で同様の規定が設けられているのが一般的です。

「人事院規則11－4（職員の身分保障）の運用について」（昭和54年12月28日付け任企－548）7条関係5項において、医師の「診断」は、職員が次のいずれかに該当する場合に行うものとされています。

ア　3年間の病気休職の期間が満了するにもかかわらず、心身の故障の回復が不十分で、職務を遂行することが困難であると考えられる場合

イ　病気休職中であって、今後、職務を遂行することが可能となる見

込みがないと判断される場合

ウ　病気休暇又は病気休職を繰り返してそれらの期間の累計が３年を超え、そのような状態が今後も継続して、職務の遂行に支障があると見込まれる場合

エ　勤務実績がよくない職員又は官職への適格性を欠くと認められる職員について、それらが心身の故障に起因すると思料される場合

なお、条件付採用職員の分限について、条例で必要な事項を定めたときはそれによるべきであり、条例の定めがない場合には、国家公務員の定めに準じて考えることが相当とされています。

② 処分の予告について

地方公務員には労働基準法20条が適用され、任命権者が職員を分限免職しようとするときは、少なくとも30日前に予告しなければならず、その予告をしないときは30日分以上の平均賃金を予告手当として支給しなければなりません。これが条件付採用期間中の職員であっても、引き続き14日を超えて使用された者には、同法20条は適用されると解され、解雇予告のみによって解雇しようとするときは、条件付採用期間満了の30日よりも前に解雇予告を行うことが必要となります（行政実例「労働基準法第二十条に関する疑義について」昭和38年11月4日）。

※実際には退職手当が支給されるので、これが予告手当に相当することが多く、また、逆に通常の方法で計算した退職手当の額が予告手当の額に満たないときは、その差額が特別の退職手当として支給されます（橋本勇著『逐条地方公務員法第４次改訂版』（学陽書房）1067頁）。

●　本ケースの場合

以上の各点を踏まえると、本問の場合、仮に、９月末時点で勤務日数が90日に足りず、条件付採用の期間を１年まで延長したとして、病気休暇に引き続き休職となり、翌年３月末の段階でも実際の勤務日数が90日に達しない場合、それ以上は条件付採用期間の延長はできないことから、

その時点で、当該職員を正式採用するか否かの判断をしなくてはならないと言えるでしょう。

また、条件付採用期間中に職務遂行能力が実証されなかった場合は採用を解除できるので、3月末で正式採用しない（免職）との判断も当然あり得るところです。

条件付採用職員には分限処分に係る身分保障の規定（法律に基づく事由がない限り、自らの意思によらず一方的に不利益な処分を受けることがない）は適用されませんが、仮に免職とする場合には、これまでの判例や、正規採用職員の場合の手続も踏まえ、客観的に合理的な、社会通念上相当とされる理由が求められることに留意する必要があります（条例の定めがあるときはそれにより、ない場合は国家公務員の定めに準じて考えることがよいでしょう。）。

●任期付職員

Q84 特定任期付職員の再度の任用

任期2年で採用している特定任期付職員（一度更新し、現在4年目）について、同一の職で5年を超えて再度の任用ができるか。

また、当職員は60歳を超えているが、特定任期付職員として再度の任用ができない場合、別の任用方法があるか。

●関係法令

地方公共団体の一般職の任期付職員の採用に関する法律3条～5条、7条

A● 再度の任用

地方公共団体の一般職の任期付職員の採用に関する法律（以下「法」という。）に基づき、自治体内部では得られにくい高度の専門性を備えた民間人材の活用、期間が限定される専門的な行政ニーズへの効率的な対応の観点から、地方公務員について専門的な業務等に任期を定めて採用することができます。

【参　考】 任期付職員の類型

区　分	内　容
特定任期付（法3条1項）	高度の専門的な知識経験又は優れた識見を有する者を一定の期間活用することが特に必要とされる場合
一般任期付（法3条2項）	専門的な知識経験を有する職員の育成に相当期間を要し確保困難、専門的な知識経験の性質上有効活用期間が一定期間に限られる　等
4条任期付（法4条）	「一定期間内に業務終了が見込まれる場合」及び「一定期間に限り業務量の増加が見込まれる場合」
任期付短時間（法5条）	4条に定める業務を行わせる場合、窓口業務の延長等に対応する場合、部分休業等の取得職員の代替のために短時間勤務職員を採用する場合

⑴　任用期間

法７条１項では、「任命権者は、条例で定めるところにより、３条１項の規定により任期を定めて採用された職員（中略）又は３条２項の規定により任期を定めて採用された職員（中略）の任期が５年に満たない場合にあっては、採用した日から５年を超えない範囲内において、その任期を更新することができる。」と定められていることから、上表の「特定任期付」及び「一般任期付」職員の任用期間は最長でも５年となります。

「地方公共団体の一般職の任期付職員の採用に関する法律の運用について」（平成14年６月14日付け総行公第46号総務省公務員部長通知）においても、「採用された日から通算して５年を超えて再任することは任期の上限を５年とした法の趣旨にそぐわないものであること。」とされています。

⑵　任期満了後の再任

また、「臨時・非常勤職員及び任期付職員の任用等について」（平成26年７月４日付け総行公第59号総務省公務員部長通知）によると、「任期付職員が任用されていた職が、当該職員の任期終了後も引き続いて存在する場合において（中略）任期付職員として任用されていた者が、任期終了後、改めて適切な募集を行い、競争試験又は選考による能力の実証を経た上で、結果として再度同一の職に任用されることは妨げられない。」とされていますが、「臨時・非常勤職員及び任期付職員の任用等に関する質疑応答集」（同年８月総務省公務員部）によると、「今回の通知は、地方独自の制度である任期付法４条及び５条に基づく任用について言及したもの。同法３条に基づく任用は、時限的な職について行われる同法４条及び５条に基づく任用と異なり、基本的に任期の定めのない常勤職員が就くべき恒久的な職について、その業務遂行に専門的知識経験等が必要な場合に、公務の能率的運営の確保のため、任期を限った任用を行うことを特に認めた特例であることから、平成14年６月14日付公務員部長通知にあるとおり、任期満了後の再任は法の趣旨にそぐわないもの」とされています。

以上のことを踏まえると、法３条１項（特定任期付職員）及び同条２項（一般任期付職員）に基づき任用された職員については、５年の任期満了後に再度任用することはできないものと解されます。

⑶　60歳を超えた者を職員として任用する方法

なお、60歳を超えた者を職員として任用する方法としては、専門的な知識・経験の活用との観点では一般職はなじまないと考えるため、特別職の非常勤職員での任用も考えられますが、特別職の非常勤職員は、「一定の学識、知識、経験、技能などに基づいて、随時、地方公共団体の業務に参画する者の職のことを意味する。これらの職を占める者は、その担当する職務が厳格な指揮命令系統の中で行われることが予定されておらず、当該公務の他に職務を有していたり、公務のために使用する時間が短時間であったり、その期間が短いのが通例である」（橋本勇著『逐条地方公務員法第４次改訂版』（学陽書房）54頁）とされているため、従事する事務が長の指揮監督下で行われるものである場合には、この方法も取り得ないと考えます。

●臨時的任用

Q85 大学生を職員として臨時的任用することの可否

常勤職員の急な退職による欠員状態を解消するため、翌年4月の採用予定者である大学4年生を、現年度末まで臨時的任用職員（フルタイム）として任用することはできるか。

●関係法令
地公法22条の3第1項・4項、24条、35条

A ● 臨時的任用職員

地方公共団体は、常時勤務を要する職に欠員を生じた場合において、緊急のとき、臨時の職に関するとき、又は採用候補者名簿がないとき（人事委員会を置く団体のみ）には、6月を超えない期間で臨時的任用を行うことができることとされています（地公法22条の3第1項・4項）。

● 本ケースについて

常勤職員の急な退職による欠員という緊急事態の状況を考慮すると、同法で定める上記の臨時的任用の要件を満たしていると思われます。

そこで、大学生を任用できるかということですが、以下のような点を考慮する必要があります。

⑴任用した場合に従事する職務の内容と責任

⑵職務専念義務と大学での受講等との関係

⑴について

同法が平成29年に改正された際に、臨時的任用職員の任用制度を適正に運用するために「常時勤務を要する職に欠員を生じた場合」という要件

が新たに加えられ、改正法施行日（令和２年４月１日）以降は、臨時的任用職員は常勤職員と同等の職務の内容と責任に応じた業務に従事するとともに、同法24条に規定する職務給の原則等の趣旨を踏まえて常勤職員の給料と同様の考え方で給料、旅費及び手当が支給される必要があります。

このことから、まだ学生である者に、実際に常勤職員と同等の責任等を求める業務に従事させるのかを確認し、求めている業務内容が、いわゆる“非常勤の職”と同等の職務の内容や責任を求める業務内容であれば、会計年度任用職員として任用することが適切ではないかを検討するべきです。

⑵について

職員（常勤職員のほか、臨時的任用職員や会計年度任用職員を含む。）は、同法35条により、「法律又は条例に特別の定がある場合を除く外、その勤務時間及び職務上の注意力のすべてをその職責遂行のために用い、当該地方公共団体がなすべき責を有する職務にのみ従事しなければならない」とされ、法律又は条例による特例が認められる場合を除き、職務専念義務が要求されています。

そして、この職務専念義務が免除される場合には、育児休業、介護休業、自己啓発等休業（大学等課程の履修又は国際貢献活動のための休業。臨時的任用を除く。）などの法律に基づく場合と、研修、厚生に関する計画（健康診断等）などの条例に基づく場合とがあります。

こうしたことから判断すると、例えば、大学の冬休み・春休み等の長期休暇中に短期で任用する場合、夜間の大学に通学している場合、大学を休学している場合、既に単位を取得済みで通学する必要が全くない場合など、公務への支障が全くないということであれば、フルタイムでの任用もあり得ますが、日中、大学に通学する必要がある学生をフルタイムで任用することには無理が生ずるのではないかと考えられます。

●採用内定

Q86 職員採用試験内定者の妊娠に係る対応

職員採用試験の内定者において、内定通知以降、採用までの期間中に妊娠していることが判明した。

当初の採用予定日（4月1日）時点では、当該内定者は産後8週間以内であり、労働基準法65条2項より、原則、就業させることができない状況である。

当該内定者の採用について、どのように判断すべきか。

●関係法令

地公法21条1項・5項、人事院規則8－12（職員の任免）第14条1項・3項

A● 本ケースについて

本問のケースにおいては、次の二通りの対応が考えられます。

①当初の採用予定日に当該内定者を採用し、採用日から産後休暇を取得してもらう。出産日から8週間を経過しても、公務への復帰が見込めない場合には、引き続き育児休業の取得により対応する。

②当該内定者に対し、採用候補者名簿の有効期間内（効力の発生から1年[注]）を限度に採用の判断を保留し、期間内に現場での公務開始が可能となるかを確認した上で、年度途中における採用で対応する。

（注）　各自治体の条例等に規定します（国家公務員は人事院規則8－12第14条1項にて規定）。

(1)　①の対応について

産後休暇及び育児休業の休暇制度については、どちらも取得に際して勤務期間や職種等の制限はありません。そのため、職員として任用の直後であっても、その取得を妨げる要因は法律上規定されていない以上、

制度上は採用日から休暇の取得が可能です。また、住民や議会から、採用日から産後休暇を取得していることについて質問がある可能性はありますので、対外的に説明ができるよう整理しておく必要があると考えられます（期間中、当該職員の給与や共済費を負担し、かつ、育児休業期間中においては、当該職員の産休代替職員の人件費も支出することになるため。）。

⑵　②の対応について

自治体においては、人事委員会又は採用試験等を行う公平委員会が採用試験を実施した際に、試験で合格点以上を得た者の氏名と得点を記載するために、採用候補者名簿を作成することとされています。また、採用候補者名簿の作成及びこれによる採用の方法に関し必要な事項を人事委員会規則（公平委員会規則）で定めなければなりません（地公法21条1項・5項）。

任命権者が採用試験を実施する場合も、名簿の作成は法令上、義務ではありませんが、「試験結果を明確にしておくこと」「採用を適切に行うこと」の観点から、上記に準じて作成することが必要であると考えられます。また、名簿の作成、運用を行う場合には併せて“採用候補者名簿の管理等に関する規程”等を整備することが望ましいでしょう。

また、国家公務員に関しては、採用候補者名簿の有効期間は、名簿の効力が発生した時から１年とする旨、そして、採用候補者が名簿の有効期間内において採用される時期についての希望を書面で申し出た場合には、その申出の内容を関係の任命権者に通知しなければならない旨が規定されています（人事院規則８－12第14条１項・３項）。この規定を踏まえれば、年度途中の採用時期については、名簿の有効期間内に、採用の希望時期を当該内定者本人から、書面で意思表示してもらうことが望ましいと考えられます。

●　留意すべき点

なお、いずれの対応においても、以下の点について留意が必要です。条件付採用期間は、**Q82**のAにて詳細を記載していますが、採用から6月を経過した時点で勤務日数が90日に足りず、期間を1年まで延長したとしても、引き続き休職等の理由により、1年を経過する時点においても実際の勤務日数が90日に達しない場合、その時点で、当該職員を正式採用するか否かの判断をしなくてはなりません（同法22条1項）。

すなわち、採用直後の育児休業の取得に当たっては、条件付採用期間の上限である1年以内に、正式採用の判断に必要な職務遂行能力の実証をするため、自治体として、相当の期間の出勤日を確保する必要性があります（採用後の育児休業の取得は、上記の(1)(2)のいずれの場合も可能です。）。

【参　考】

採用内定通知の送付後における内定の取消しについて、過去の判例（最判昭和57年5月27日民集第36巻5号777頁）では、採用内定通知は、事実上の行為にすぎず、それを送付しただけでは、その自治体が当該内定者を職員として採用すべき法律上の義務を負うものではないとしていることから、取消しは可能であると考えられます。

しかし、内定取消しには、社会通念上、客観的に合理的と判断できる事由（例：採用試験の受験要件である資格又は学歴の取得ができなかった等）が必要となりますので、本問のような、妊娠・出産によるケースにおいて内定取消しを行うとした場合、男女雇用機会均等法等の関連法令を踏まえると、不適切と判断される可能性が極めて高いと思われます。

Q87

●定数

自治法に基づく職員派遣を受けた場合の受入団体の定数の取扱い

自治法252条の17（職員の派遣）に基づき、派遣された職員を受け入れた場合、受け入れた自治体の職員定数に含めるべきか。

●関係法令

自治法172条、252条の17

A ● 自治法派遣職員の身分

自治法252条の17に基づき派遣される職員は、派遣をした普通地方公共団体の職員たる身分を保有しながら、同時に派遣を受けた普通地方公共団体の身分を併有することとされています（同条２項）。

● 派遣者を定数に含むか否か

一方で、派遣を受けた普通地方公共団体において、定数内とするか定数外とするかは、いずれでも差しつかえないとの意見もありますが、派遣職員の勤務の実態と、任用その他身分上の根底とをあわせて考慮すると派遣期間中はいずれか一方の職員と断定すること自体が適当ではなく、職員の定数条例上は、「原則として双方の地方公共団体の定数に含ましめるべきものであるが、条例の定めるところにより派遣をした地方公共団体の定数には含ましめない扱いとすることもさしつかえない」とされています（行政実例「派遣職員の定員」昭和31年10月22日自丁行発第114号）。

このことから、県から技術派遣された職員は、派遣を受けた自治体の定数に含めることが望ましいと思われます。

なお、派遣した自治体と派遣を受けた自治体の双方の定数に含まないとすることは、派遣職員が常勤職員である限り、同法172条との関連を考えると、法の予想しない状態であると言えます。

Q 88 会計年度任用職員の通勤費用の課税

パートタイム勤務の会計年度任用職員の通勤費用について所得税の取扱いはどのように考えたらよいか。

●関係法令

地公法22条の2、自治法203条の2

A ● 会計年度任用職員

会計年度任用職員は、1週間当たりの通常の勤務時間が常勤職員と同一の時間であるフルタイムの会計年度任用職員（地公法22条の2第1項2号）と、常勤職員に比し短いパートタイムの会計年度任用職員（同項1号）に分けられます。

● 会計年度任用職員の給与

⑴ フルタイム

また、給与に関する法的根拠も、フルタイムとパートタイムで異なっており、フルタイムの会計年度任用職員は、自治法204条に基づき、「給料と手当」が、パートタイムの会計年度任用職員は、自治法203条の2に基づき、「報酬、期末手当並びに費用弁償」が支給されます（なお、企業職員と技能労務職員の会計年度任用職員については、取扱いが異なるため、注意が必要です。）。

⑵ パートタイム

本題のパートタイムの会計年度任用職員の通勤費用に関する所得税の取扱いについては、パートタイムの会計年度任用職員の通勤費用が、自治法203条の2第3項の「費用の弁償」に区分され、自治法施行規則15条の「歳入歳出予算の節の区分」では、「8節　旅費」に計上される（平成31年3月29日付け総行公第23号ほか公務員課長ほか通知　Q＆A問18－2①）ことに起因する御質問かと思います。

質問の所得税の取扱いについては、管轄の税務署にも相談し、後々のトラブルを避ける必要がありますが、国税庁の法令解釈通達によれば、「地方自治法第203条の2（中略）の規定により受ける費用の弁償は、(所得税）法第9条第1項第4号に掲げる金品に該当するものその他その職務を行うために要した費用の弁償であることが明らかなものを除き、給与等とする」こととされています。

フルタイムの会計年度任用職員の通勤費用が、常勤職員と同様、手当に区分され、給与に該当することに鑑みれば、パートタイムの会計年度任用職員の通勤費用について、節の区分が、「8節　旅費」であることをもって、国税庁の法令解釈通達にいう「給与等」に当たらないとは考えにくいものと思われます。そのため、パートタイムの会計年度任用職員の通勤費用について、その支給基準及び支給方法等が常勤職員に準じて決定し支給することとされているのであれば、常勤職員と同様の取扱いと考えることが適当と思われます。

●会計年度任用職員

Q 89　会計年度任用職員に対する休業手当の支給

会計年度任用職員について、勤務している施設等を閉鎖（一部閉鎖含む。）したことに伴い、本来行うべき業務に就かせることが困難な職員がいる。

このとき、閉鎖の要因が、特別休暇や職務専念義務の免除の要件（となる事象）に該当しないと判断した場合に、当該職員は閉鎖期間中を休業（勤務を要しない）扱いとし、無給となるのか。それとも、労働基準法26条に基づく休業手当を支給するべきか。

●関係法令

地公法24条、35条、労働基準法26条

A ●　職員の休暇制度について

地公法24条4項の「職員の勤務時間その他職員の給与以外の勤務条件を定めるに当たつては、国及び他の地方公共団体の職員との間に均衡を失しないように適当な考慮が払われなければならない」及び同条5項の「職員の給与、勤務時間その他の勤務条件は、条例で定める」という規定に基づき、各自治体の条例でその内容（年次有給休暇とそれ以外の休暇（特別休暇））を規定することとされています。

(1)　職員に対する職務に専念する義務について

同法35条より「法律又は条例に特別の定がある場合を除く外」の場合に適用されることとなっており、特別の定めがある場合には免除されます。

以上より、特別休暇と職務専念義務の免除は、どちらも各自治体の条例でその内容を定めることとされており、自治体によっては同じ要件を必要とする制度であっても、特別休暇として定められている場合と職務専念義務の免除として定められている場合があります。

⑵　休暇制度に該当し得るケース

今回の質問のケースに該当し得る休暇制度としては、国家公務員の非常勤職員において、地震や台風等の災害や交通機関の事故等に起因して、非常勤職員の出勤が著しく困難又は退勤途上における危険を回避するために勤務しないことがやむを得ないと認められる場合が考えられます（人事院規則15－15第４条１項４号、５号）。

各地方公共団体においては、会計年度任用職員の休暇制度（又は職務専念義務の免除）として、上記の国家公務員の非常勤職員の休暇制度との均衡を考慮して、同様の制度を設けていると考えられますが、今回はこれに該当しない（災害等が原因ではない、出退勤を困難にする何らかの危険性はない）場合を、以下で整理します。

さて、本題となる労働基準法26条に基づく休業手当の取扱いについては、管轄の労働基準監督署にも相談していただく必要がありますが、使用者の責に帰すべき事由による休業期間中、以下の二つの要件をどちらも満たす「不可抗力による休業」に該当する場合を除き、地方公共団体は使用者として労働者である職員へ、平均賃金の100分の60以上の休業手当を支払わなければなりません。

●　「不可抗力による休業」の要件

①事業の外部にある原因により発生する事故であること
②使用者が経営者として十分な注意をつくしても避けることができない事故であること

⑴　上記①に該当するもの

例えば、計画停電や、労働安全衛生法66条の５第１項による健康診断の結果に基づく医師の指導･要請があった場合、特殊なケースとしては、新型インフルエンザ特別措置法に基づく営業自粛の協力依頼や要請などを受けた場合のように、事業の外部において発生した、事業運営を困難にする要因が挙げられます（労働基準法実務研究会編集『わかりやすい労働基準法の手引　1巻』（新日本法規））（厚生労働省「新型コロナウイルスに関するQ&A（企業の方向け）」令和2年7月10日時点版、問7）。

⑵　上記②に該当するもの

使用者として休業を回避するための具体的努力を最大限尽くしていると言える必要があります。具体的な努力を尽くしたと言えるか否かは、例えば、次のような事情から判断されます。

・自宅勤務などの方法により労働者を業務に従事させることが可能な場合において、これを十分に検討しているか
・労働者に他に就かせることができる業務があるにもかかわらず休業させていないか

（厚生労働省「新型コロナウイルスに関するQ&A（企業の方向け）」令和2年7月10日時点版、問7）。

また、上記の「使用者として休業を回避するための具体的努力」に関しては、新型コロナウイルス感染症の感染防止に向けた対応として、総務省から各地方公共団体へ発出された通知では、施設の一部閉鎖や学校の臨時休業の措置が取られた場合に「当該事業に従事する職員について（略）職員の業務内容や勤務場所、勤務方法の変更といった柔軟な対応によって引き続き業務に従事させることとし、組織全体として必要な業務体制の確保を図る取組」が見られるとして、非常勤職員を含む職員全体の働く場の確保を図るよう依頼があり、地方公共団体は使用者として職員を休業（勤務を要しない）とする前にこうした取組を行う必要があるものと考えます（「新型コロナウイルス感染症への対応を踏まえた業務体制の確保について」令和2年3月5日付け総行公第29号総務省自治行政局公務員部公務員課長通知）。

●　本ケースの場合

以上を踏まえて、施設等の閉鎖による職員の休業が「不可抗力による休業」の要件を満たすと判断した場合には、休業手当の支払いをしないことも考えられますが、個別の事案においては、どこまでが「使用者として休業を回避するための具体的努力を最大限尽くしている」と言えるかの線引きは困難であると考えられます。以上が判断の考え方ですが、実際には、個別具体の例を付して、管轄の労働基準監督署へ相談しておくべきと考えます。

2 給与・手当

●期末・勤勉手当

Q90 欠勤職員に対する期末・勤勉手当の支給の可否

期末・勤勉手当の基準日において、欠勤状態の職員に対する手当の支給は可能か。

●関係法令

一般職の職員の給与に関する法律、人事院規則9－40（期末手当及び勤勉手当）、自治法203条の2、204条、地公法22条の2

A ● 給与の支給における原則

国家公務員においては、一般職の職員の給与に関する法律、地方公務員においては、各自治体の給与条例にて、「職員が勤務しないときは、その勤務しないことにつき任命権者の承認があった場合を除く外、その勤務しない1時間につき、勤務1時間当たりの給与額を減額して給与を支給する」旨が規定されています。これは、勤務実績がない以上、勤務に対する対価が支払われない「ノーワーク・ノーペイの原則」と言われる考え方です。

● 期末・勤勉手当の支給

期末・勤勉手当については、国及び多くの自治体で、6月1日及び12月1日を基準日と定め、それぞれの基準日に在職する職員に対して支給することとされています。

また、国家公務員の取扱いとしては、この基準日に在職する職員のうち、期末・勤勉手当が支給される職員から、停職者、休職者、非常勤職員、育児休業職員等が除外されていますが、欠勤している職員については規定がありません（人事院規則9－40第1条、第7条）。

⑴　期末手当の支給額について

期末手当基礎額に、基準日以前6か月以内の期間における在職期間に応じた割合を乗じて算定しますが、この在職期間から除算するものとしては、停職、休職、育児休業等があるものの、欠勤については規定がありません（人事院規則9－40第5条）。

⑵　勤勉手当の支給額について

勤勉手当基礎額に、基準日以前6ヶ月以内の期間における勤務期間に応じた割合を乗じて算定しますが、この勤務期間から除算するものとして「一般職の職員の給与に関する法律15条（職員が勤務しないとき）の規定により給与を減額された期間」が規定されています（人事院規則9－40第11条2項7号）。

以上のことから、期末・勤勉手当の基準日に欠勤している職員であっても、基準日に在職する職員から除外するという規定はないため、期末・勤勉手当は支給されますが、勤勉手当については、欠勤（給与が減額された期間）の期間を除算して勤務期間を算定することになるため、減額して支給されることになります。

●期末・勤勉手当

Q91 議員の期末手当を特別職報酬等審議会に諮ることの要否

議員の期末手当の額についても、特別職報酬等審議会による審議が必要か。

●関係法令

自治法203条3項・4項

A ● 特別職報酬等審議会

「特別職の報酬等について」（昭和39年5月28日付け自治給第208号自治事務次官通知）では、「知事は、都道府県議会議員の報酬の額に関する条例を議会に提出しようとするときは、あらかじめ当該報酬の額について、（特別職報酬等）審議会の意見を聞かなければならない」「知事、副知事及び出納長の給料の額についても同様の手続きにより措置することが適当である」としており、市については都道府県の例にならい措置を講じ、町村については必要に応じて同様の措置を講ずるものとされています。

そして、同通知に基づき、各団体において、特別職報酬等審議会条例を制定しています。

● 審議の要否について

同通知において、審議会に諮らなくてはならない項目は、議員報酬、知事、副知事及び出納長の給料の額とされているため、議員の期末手当の額については、必ずしも審議会に諮問する必要はないと考えられます。

しかしながら、「地方公共団体の特別職の職員の報酬等の額の決定について第三者機関の意見を聴くことによりその一層の公正を期する必要がある」という通知の趣旨を踏まえると、住民への説明責任、水準決定の透明性の観点から、議員の期末手当についても、「審議会に諮問」という形を取らないまでも、例えば「審議会の意見を求める」という形で、第三者機関である特別職報酬等審議会の意見を聴くことが期待されているのではないかと考えます。

●地域手当

Q 92 地域手当支給対象地域ではない市町村の職員が支給対象地域に派遣された場合の地域手当の支給

地域手当支給対象地域ではない自治体の職員が、東京事務所に派遣された場合、該当職員に同地域の支給率（20%）の地域手当を支給することを検討しているが、地域手当について条例で制度化していない場合、「地域手当」ではなく「調整額」として規則改正により対応することは可能か。

●関係法令

一般職の職員の給与に関する法律10条、11条の3

A ● 地域手当

地域手当は、一般職の職員の給与に関する法律11条の3において、「当該地域における民間の賃金水準を基礎とし、当該地域における物価等を考慮して人事院規則で定める地域に在勤する職員に支給する。」と規定されています。

(1) 支給の趣旨

地域手当は、「公務員給与に地域の民間賃金水準をより的確に反映させる目的で、全国共通の俸給表の水準を基礎とする公務員の給与水準を、民間賃金の地域間格差の事情等に応じて調整するもの」であり、その支給地域は、「主として民間賃金の高い地域について、人事院規則9－49（地域手当）別表第一において一級地から七級地に区分」として定められています（一般財団法人公務人材開発協会人事行政研究所編集『諸手当質疑応答集第14次全訂版』（学陽書房）244頁）。

(2) 地方公務員における取扱い

地方公務員における地域手当は、各自治体の給与条例において支給地域や支給割合等が定められており、その取扱いは「原則として国における地域手当の指定基準に基づいて支給地域及び支給割合を定めること」とされています（「地方公務員の給与改定に関する取扱い等について」平成19年10月30日付け総行給第101号総務事務次官通知）。

● 調整額

一方、調整額については、同法10条において、「職務の複雑、困難若しくは責任の度又は勤労の強度、勤務時間、勤労環境その他の勤務条件が同じ職務の級に属する他の職に比して著しく特殊な職に対し適当でないと認めるときは、その特殊性に基づき俸給月額につき適正な調整額表を定めることができる」と規定されています。

● 本ケースの場合

以上を踏まえると、勤務地を基準に支給される地域手当に対し、給料の調整額は職の特殊性に応じて給与月額を調整するものであるため、東京事務所勤務になったことに伴って給与の調整額により地域手当相当を支給することは適切ではなく、給与条例の改正により、地域手当として支給すべきと考えます。

●時間外勤務

Q 93 再任用短時間勤務職員の時間外勤務の取扱いと上限規制の適用関係

【質問1】 時間外勤務の上限規制として月45時間が設定されているが、短時間勤務の再任用職員（7時間45分／日×週4日）が時間外勤務をした場合、週38時間45分を超過するまでの時間外勤務も上限規制の対象となるのか、それとも、週38時間45分を超過した時間外勤務から対象となるのか。

【質問2】 上記時間外勤務分は週休日を振り替えて取得できるか。

【質問3】 上記短時間勤務の再任用職員が時間外勤務をした場合、その時間外勤務手当はどのように計算するのか。

●関係法令

労働基準法36条、一般職の職員の勤務時間、休暇等に関する法律5条、6条、8条、13条、人事院規則15－14（職員の勤務時間、休日及び休暇）第16条の2、16条の2の2

A ● 質問1　時間外勤務における上限規制の対象範囲

平成30年に労働基準法が改正され、改正後の第36条に基づき、民間事業所では、平成31年4月から時間外労働の上限規制が施行され、国家公務員や地方公務員においても人事院規則や条例・規則の改正により、同時期から時間外勤務の上限規制が設けられていることと思われます。

国家公務員においては、人事院規則15－14（職員の勤務時間、休日及び休暇）第16条の2の2により、超過勤務を命ずる場合には、上限（月45時間、年360時間）が設けられています。

また、職員の正規の勤務時間は、一般職の職員の勤務時間、休暇等に関する法律（以下「勤務時間法」という。）13条1項において、「第5条から第８条まで、第11条及び前条の規定による勤務時間（以下「正規の勤務時間」という。）」と定義されています。

そして、再任用短時間勤務職員の「正規の勤務時間」は、勤務時間法5条に基づき、1週間当たり15時間30分から31時間までの範囲内で各省各庁の長が定めるとされており、これ以外の時間において勤務を命ぜられた勤務は「超過勤務」ということになるため、この「超過勤務」について、上限規制が適用されるということになります。

本件のケースでは、当該再任用短時間勤務職員は、７時間45分／日×週４日の31時間／週が正規の勤務時間であるため、１日当たりは７時間45分を、１週間当たりは31時間を超過した勤務について適用されます。

なお、同規則16条の２において、「再任用短時間勤務職員等に超過勤務を命ずる場合には、再任用短時間勤務職員等の正規の勤務時間が常時勤務を要する官職を占める職員の正規の勤務時間より短く定められている趣旨に十分留意しなければならない」と定められています。もともと再任用短時間勤務職員に対し超過勤務を命ずることは必要最小限であるべきで、時間外勤務の上限規制に該当するような勤務は想定されないと考えます。仮に、当該職においてそのような時間外勤務が想定されるのであれば、そもそも再任用フルタイム勤務として再任用すべきと考えられます。

●　質問２　週休日の振替の可否

週休日の振替については、勤務時間法８条において規定されており、例えば、水曜日が週休日の場合に、勤務日を木曜日から水曜日にし、木曜日を週休日に振り替えることは可能ですが、正規の勤務時間でない時間外勤務分について週休日に割り振ることはできません。時間外勤務については、時間外勤務手当を支給することで対応します（図１：金曜日

図1

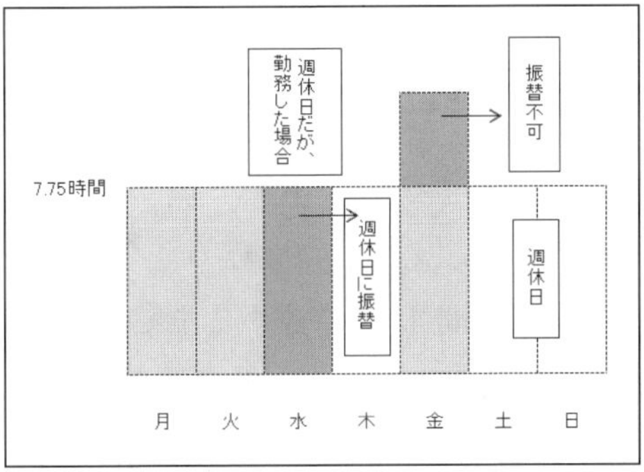

図2

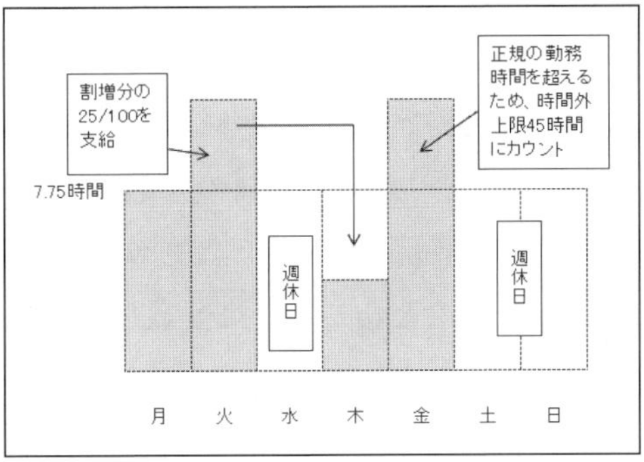

の時間外勤務分)。

また、勤務時間法6条2項において、再任用短時間勤務職員については、1週間ごとの期間について、1日につき7時間45分を超えない範囲内で勤務時間を割り振るものとされているため、時間外勤務分の勤務時間を週の勤務時間内で調整することは可能と思われます(図2:火曜日の時間外勤務分、木曜日の勤務時間を短くすることで調整)。ただし、この場合には、火曜日の勤務時間は7時間45分を超えているため、割増賃金を支給する必要があります。

なお、週休日の振替により割り振った勤務時間は正規の勤務時間であり、時間外勤務ではないため、上限規制の対象とはなりません。

●　質問３　時間外勤務手当の計算

一般職の職員の給与に関する法律16条２項において、再任用短時間勤務職員が正規の勤務時間を超えてした勤務のうち、その日における正規の勤務時間との合計が７時間45分に達するまでの間の勤務については、100分の100の割合で支給することとされており、それ以上の時間の勤務に対して割増賃金を時間外勤務手当として支給することになります。

また、参考までに、労働基準法上は、８時間に達するまでの15分は「100分の100」で計算されるため、割増賃金を支払う必要はありません。しかし、地方公務員については、「国家公務員の例に倣い、法内時間外勤務であっても法外時間外勤務と同様の割増賃金を支払う取扱いとしている」（小川友次・澤田千秋著『地方公務員の＜新＞勤務時間・休日・休暇（第３次改訂版）』（学陽書房）218頁）とされているため、上記の15分についても割増賃金の対象となることに留意してください。

●報酬

Q94 審議会委員等から報酬を辞退したい旨の申出があった場合の取扱い

審議会の委員等（特別職の非常勤職員）から報酬の受取りを辞退したい旨の申出があった場合に、どう取り扱うべきか。

●関係法令

自治法203条、203条の2、公選法199条の2

A ● 審議会の委員等への報酬

自治法203条の2第1項では、「普通地方公共団体は、その委員会の非常勤の委員、非常勤の監査委員、自治紛争処理委員、審査会、審議会及び調査会等の委員（中略）に対し、報酬を支給しなければならない。」とされています。

また、同条3項では、「第1項の者は、職務を行うため要する費用の弁償を受けることができる。」と規定されており、報酬、費用弁償及び期末手当の額並びにその支給方法については、条例で定めることが同条5項に規定されています。

また、普通地方公共団体の議会の議員に対する議員報酬、費用弁償及び期末手当については、同法203条に規定されています。

● 受取りの辞退

判例を見ると、審議会の委員等や議会の議員に対する報酬及び費用弁償は、普通地方公共団体が支給しなければならない義務を負うものであって、これを受ける権利は公法上の権利であるから、条例でこれを支給しないことを定めることや、あらかじめこれを受ける権利を放棄することはできないとされています（大審院 大正７年12月19日大正７（れ）751）。

行政実例では、「議員報酬請求権は、議員の身分と表裏一体をなすものであって、また、支給期日の到来しない部分について報酬の辞退を意思表示することはできないが、具体的に発生した報酬請求権の辞退の意思表示があれば権利の放棄とみることができる」（昭和24年８月25日付け自連行発第12号）と解されていますので、既に発生した請求権の放棄と考えることができる場合には、本人の申出（意思表示）によって受取りを辞退することは可能と思われます。

ただし、その者が、公職の候補者又はこれになろうとしている場合は、公選法199条の２に定める公職の候補者等の寄附の禁止規定に基づき、報酬請求権の放棄（一部放棄を含む。）は寄附に該当すると解されますので、報酬の受取りを辞退することはできない点に注意が必要です。

3 人事評価

●結果反映の原資

Q95 人事評価結果を勤勉手当へ反映する際の原資

人事評価結果の勤勉手当への反映に当たり、支給額を計算する上での「成績率」の考え方を伺いたい。

他自治体では「良好（標準的な勤務成績の職員が該当する区分）」の成績率を規則で定める支給総額を算出するための割合から0.01月減じているところがあるが、これは、多くの職員の支給額が下がっているということか。同様の制度を導入した場合、職員からの理解が得られるか懸念がある。

●関係法令

地公法23条

A ● 勤勉手当の成績率

地公法23条により、人事評価の、任用、給与、分限、人事管理への活用は義務となっています。

「成績率」は、1月あたりの勤勉手当基礎額（給料月額＋地域手当＋職務加算額等）に乗ずるものです（支給額にはさらに期間率を乗じます。）。

● 上位区分適用者に係る原資

例示されている他自治体の運用については、令和2年6月期の勤勉手当を例にすると、条例・規則上の支給総額を算出する成績率0.95から

0.01月分を差し引いた0.94を「良好」の成績率とし、その差分を、「良好」より上位の成績区分における0.94以上の成績率の原資とするための措置であると思われます。

また、上位区分適用者に係る原資の確保については、総務省に設置された研究会の報告書において、国家公務員の取組として、以下のとおり示されています（地方公共団体における人事評価に関する研究会 平成26年度報告書、63頁）。

「上位区分適用者に係る査定原資については、勤勉手当の支給総額の上限の算定に扶養手当を算入するとともに、「良好」（標準）の成績率を給与法に定める支給月額から一律下げて（75/100 → 72/100）原資を生み出す取組が行われている。」

予算総額の上限への扶養手当の算入と標準の成績率の一律カットという上記方法は、国のみでなく、本県においても同様の取扱いをしており、広く取り入れられている方法だと思われます。

●　勤勉手当への反映のメリット

また、こうした取扱いについては、メリハリをつけた支給により、高い能力を発揮し、高い業績を挙げている職員が適切に処遇され、当該職員の士気高揚につなげることができるメリットがあります。

能力･実績主義の人事管理が求められている昨今の公務員情勢の中で、職員のモチベーション向上につなげる手法の一つとしても参考にしてください。

●　職員等への説明

なお、制度の検討の際には、職員の給与に関係する内容でもあるため、職員組合や職員に対して丁寧に説明していただくことが円滑な導入につながると思われます。

4 服務

Q96

●政治的行為

市職員の自宅に市議選候補者の後援会連絡所の看板を設置することの是非

市職員（フルタイム勤務の会計年度任用職員）の自宅に市議会議員選挙候補者の事務所看板（後援会連絡所であることを明記）を設置することは、地方公務員法上の政治的行為の制限に抵触するか。なお、相談があった時点においては、市議会議員選挙の選挙運動期間中ではない。

●関係法令

地公法4条、36条

A ● 地公法により職員に禁止されている政治的行為

会計年度任用職員は、地公法の適用のある職員となります（同法4条1項）。

同法により職員に禁止されている政治的行為は次の二つとされています。

①政治的団体への勧誘運動（当該団体の構成員となるよう又はならないよう勧誘する行為）等（同法36条1項）

②特定の政治目的をもってなされる一定の政治的行為（同法36条2項）

そこで、職員が特定の市議会議員選挙候補者（以下「A」という。）に関する「A後援会連絡所」という看板を、不特定多数の人が見えるような形で、自宅に設置することが同法上の政治的行為に該当するか否かが問題となります。

●　政治的団体への勧誘運動等（同法36条1項）に当たるか

「勧誘運動」とは、「不特定又は多数の者を対象として組織的、計画的に、構成員となる決意又はならない決意をさせるよううながす行為」（昭和26年3月19日付け地自乙発第95号総務省通知）とされており、「A後援会連絡所」と記載された看板を設置する行為のみでは、同項にいう「勧誘運動」には該当しないと考えられます。

ただし、立会演説会のポスターの貼付に関し、当該ポスターに「A後援会会員募集中」と記載されている場合は勧誘運動に当たり、これに抵触する可能性が高いとされていることから、当該看板に同趣旨の記載がある場合は同様に解されます。

（なお、その職員の自宅での活動内容によっては、政治的行為に該当する可能性が出てくると思われます。）

●　特定の政治目的をもってなされる一定の政治的行為（同条2項）に当たるか

同条2項で禁止される政治的行為は、「目的に行為が伴う場合であり、いずれか一方だけの場合を規制するものではない」（橋本勇著『逐条地方公務員法第4次改訂版』（学陽書房）709頁）ことから、「特定の政治目的」があり、かつ、同項各号のいずれかの政治的行為に当たる場合は、当該規定に抵触することになります。

後援会の看板を設置する行為（「A後援会連絡所」とのみ記載された看板を想定）が、同項各号（①投票における勧誘運動、②署名運動への積極的な関与、③金品の募集、④文書又は図画の自治体庁舎等への掲示や利用、⑤条例で定める政治的行為）に該当するかについては、第5号に該当しなければ、いずれにも該当しないことが予想され、特定の政治目的の有無を検討するまでもなく、同法36条２項には該当しないと思われます。

上記のことから、「A後援会連絡所」という看板を自宅に設置したことのみをもって、同法上の政治的行為の制限に抵触するとまでは言えないと考えられます。

【補　足】 地公法36条２項本文の「政治目的」の考え方

同条２項で、「……、あるいは公の選挙又は投票において特定の人又は事件を支持し、又はこれに反対する目的をもって、……」と規定されている「特定の人」とは、「法令の規定に基く正式の立候補届出又は推薦届出により候補者としての地位を有するに至った者をいい、まだ候補者として地位を有するに至らない者は、これを含まない」（前掲総務省通知）とされています。

本ケースにおいては、現時点では市議会議員選挙の告示がなされていない段階ですので、Aは「特定の人」には該当せず、看板を設置する行為が「政治的目的」を有しているとは言えません。一方、Aから立候補届が出され、公の選挙の候補者となった時点において、看板が設置されている状態では、看板を設置する行為が「特定の人……を支持」するという政治的目的を有すると言える可能性が高いこととなります。

5 分限及び懲戒

●分限

Q97 地公法の改正に伴う、職員の分限処分「降任」と「降給」の解釈変更

平成26年の地公法の改正（平成28年4月1日施行）により、「降任」と「降給」の解釈が変更されたと思うが、どのように変更されたか。

●関係法令

地公法15条の2、27条2項、28条3項

A ● 平成26年地公法改正

地公法の改正により人事評価制度が導入されたことに伴い、「降任」は「職員をその職員が現に任命されている職より下位の職制上の段階に属する職員の職に任命すること」と新たに定義されました（同法第15条の2）。

「『降任』を伴わない『降格』」(注1) については、従来、解釈上「降任」に該当すると解されてきましたが、上記の改正により、「降給」(注2) に該当することとなりました。また、「降号」(注3) については、従前どおり「降給」に該当します（「地方公務員法及び地方独立行政法人の一部を改正する法律の運用について」（平成26年8月15日付け総行公第67号、総行経第41号））。

（注1） 職員の意に反して、当該職員の職務の級を同一の給料表の下位の職務の級に変更すること。例えば、5級の課長補佐から4級の課長補佐に変更することをいう。

（注２）　同法27条２項に規定する「降給」をいう。
（注３）　職員の意に反して、当該職員の号給を同一の職務の級の下位の号給に変更することをいう。

各自治体においては、改正後の同法28条３項に基づき、上記を踏まえて、適宜、「降任」「降給」の手続及び効果を定めている条例等が改正されたところです。

分限 種類	地方公務員法改正前	地方公務員法改正後
降任	降任（下位の職制上の段階の職） 降格（下位の級）	降任（下位の職制上の段階の職） 例：課長→課長補佐
降給	降号（下位の号）	降格（下位の級） 例：５級の課長補佐→４級の課長補佐 降号（下位の号） 例：４級40号給→４級36号給

●分限

Q98 職員からの希望に基づいた降任の取扱い

体調不良等の理由で、職員からの希望により、課長から参事にすることは可能か。また、その際には何か手続が必要か。なお、当市では課長も参事も同じ６級であるが、職制上は、課長は参事よりも上位である。

●関係法令

地公法15条の２、17条、28条

A ● 降任について

「降任」は、地公法15条の２第３項により、「職員をその職員が現に任命されている職より下位の職制上の段階に属する職員の職に任命することをいう」と定められています。

本ケースでは、「課長」も「参事」も給料表上は同じ６級ですが、職制上は課長は参事よりも上位ということですので、これは、下位の職制上の段階に属する職に任命する、「降任」に当たります。

● 職員の同意を伴う降任

「降任」は、職員に不利益を与えるものでありますが、同法17条１項で、採用、昇任、転任と同様に、任用の方法の一つとして規定されています。また、同法28条１項各号のいずれかに該当するときは、「その意に反して」降任又は免職することができ、同条３項により、その手続及び効果は、法律に特別の定めがある場合を除くほか、条例で定めなければならないとされています。

したがって、「職員の同意がある場合には、分限上の規制もないことから、地公法17条1項の規定に基づき、降任させることができる」と解されています（地方公務員法研究会編著『地方公務員法質疑応答集第1巻』（第一法規）1176頁）。

また、その場合には、同法28条の適用はないことになるため、手続及び効果についても、条例で定める必要はないと考えますが、希望降任制度として設けるに当たっては、各自治体において要綱等を整備しておくことが望ましいと思われます。

なお、「降任」の定義については、**Q97**を参照してください。

●懲戒

Q99 職場内のパワー・ハラスメントへの対応方法

庁内のある事業担当課で、立て続けに若い職員２人が登庁しなくなり、うち１人は医師から「抑うつ神経症」の診断書が出て、当面の２月間の休暇に入った。部内総務課で調査したところ、この課の課長補佐のパワハラ的行為が主な原因であることが判明した。庁内で、どのような対応が望ましいか。

●関係法令

地公法29条１項、33条　ほか

A ● 各ハラスメント防止について

自治体の各任命権者は、令和元年に改正された労働政策の総合的な推進並びに労働者の雇用の安定及び職業生活の充実等に関する法律及び厚生労働大臣が同法に基づいて定める「事業主が職場における優越的な関係を背景とした言動に起因する問題に関して雇用上講ずべき措置等についての指針（令和２年厚生労働省告示第５号。以下「厚労省指針」という。）」を踏まえて、令和２年６月１日以降、事業主として、職場におけるパワー・ハラスメント（以下「パワハラ」という。）をはじめとする各種ハラスメントを防止するために、雇用管理上必要な措置を講じなければなりません。

● 本ケースの場合

今回の場合には、部内調査の結果、パワハラ的行為が主な原因であることがわかったとされていますので、その場合に事業主が講じなければならない措置には、被害者、行為者（パワハラの言動を行った者）への措置に加えて、再発防止のための措置があり、以下のようなものが想定されます（厚労省指針より措置の例示を抜粋）。

(1)　被害者に対する配慮のための適正な措置

（措置を適正に行っていると認められる例）

①　事案の内容や状況に応じ、被害者と行為者の間の関係改善に向けての援助、被害者と行為者を引き離すための配置転換、行為者の謝罪、被害者の労働条件上の不利益の回復、管理監督者又は事業場内産業保健スタッフ等による被害者のメンタルヘルス不調への相談対応等の措置を講ずること。

(2)　行為者に対する措置

（措置を適正に行っていると認められる例）

①　就業規則その他の職場における服務規律等を定めた文書における職場におけるパワハラに関する規定等に基づき、行為者に対して必要な懲戒その他の措置を講ずること。あわせて、事案の内容や状況に応じ、被害者と行為者の間の関係改善に向けての援助、被害者と行為者を引き離すための配置転換、行為者の謝罪等の措置を講ずること。

(3)　再発防止に向けた措置

（再発防止に向けた措置を講じていると認められる例）

①　職場におけるパワハラを行ってはならない旨の方針及び職場におけるパワハラに係る言動を行った者について厳正に対処する旨の方針を、社内報、パンフレット、社内ホームページ等広報又は啓発のための資料等に改めて掲載し、配布等すること。

②　労働者に対して職場におけるパワハラに関する意識を啓発するための研修、講習等を改めて実施すること。

●　行為者に対する懲戒処分

各自治体で定める懲戒処分を行うか否かの参考とする指針や基準（国家公務員の場合は「懲戒処分の指針」）に基づき、判断することになります。

●　職場でパワハラが発生した際の改善措置

なお、将来に対する改善措置として、被害者と行為者間若しくは職場環境に対して、被害者本人の希望がある場合には、本人が所属する事業担当課をはじめ相談を受けた部内総務課や必要に応じて人事担当課は、積極的に支援を行うべきです。

再発防止に向けた措置としては、職員向けの研修や講習の実施により、パワハラが行われる背景や要因を理解し、職場でパワハラが発生する状況が続けば、地域行政の将来を担う若手職員の育成と士気高揚への重大な障害となること、何よりも地域住民（納税者）にとって、行政サービスの停滞や遅滞に繋がる大きな問題となり、その行政的・財政的損失は非常に大きなものとなり得ることなどを、職員一人ひとりが意識してパワハラを防ぐ、放置しない姿勢を作る必要があります。

また、職員に対するハラスメント相談窓口の周知が十分であったか、相談方法が電子メールや電話、庁内イントラネットなどのプライバシーを確保した上で相談しやすい環境が整備されているかといったことの確認も重要だと思われます。

●　パワハラの課題

このほか、パワハラを行う職員の多くは、行政職務に忠実で仕事の完成度が高く、地域で多くの実績をあげているということもあるようです。

しかし、激しいパワハラを受けた被害者たる職員が大きな精神的ダメージを受けて長期療養に追い込まれる一方、行為者が言動の傾向を改めずにその後も順調に昇任を続けていく、ということがあってはいけません。

そうした状況を防ぐためにも、自治体の人事当局は、懲戒処分に関して公正なルールに基づいて毅然とした判断を下すべきであり、悪質な言動傾向が改善されていない場合には、管理監督職や部下を持つ役職としてマネジメント能力の素養があるのかを検討し当該職員の昇格などの処遇について、相当慎重に判断していくことも必要ではないでしょうか。当該職員がその傾向を改めないまま昇進し、多くの部下を持てば、パワハラ被害者はさらに増える可能性があるからです。

パワハラをはじめとする各種ハラスメントを防ぐために、こうした人事上の処分や再発防止のための措置に対して、どう考えるべきかは、自治体経営のあり方として、大変重要な問題です。どのような対応が必要なのか、どうするべきかという点については、事案が発生した・発生している特定の事業担当課や人事当局だけでなく、組織全体で常に課題意識をもって業務に臨んでいけるよう取組を進めていくことが必要です。

第4章
財務・財政

1 予算

●予算措置

Q 100 議会で否決された事業について先行発注済みである委託事業の処理

施設整備事業について、前年度に先行して実施設計の委託発注を行っていた（当年度へ繰越）が、当年度に入って施設整備事業そのものが白紙撤回された。

事業が中止となったことで、実施設計の適債性がなくなったことから、財源として見込んでいた起債の借入れが不可能となった場合、財源措置の方法はあるか。

●関係法令

自治法施行令148条

A ● 実施設計の委託

実施設計の委託については、設計の完成前に事業が中止となったとしても、事業中止時点までの出来高部分について受託業者への支払いが必要となります。

(1) 支払いの財源

この支払いの財源については、翌年度に繰り越した時点では未収入の特定財源として起債を充てる予定だったものの、本問の例では、繰り越し後に事業中止となっており、いわゆる適債性がなくなったため、予定していた起債を充てることはできません。

さらに、年度が終了しており補正予算対応で財源手当てすることが不可能な状況であるため、決算対応で財源を「起債」から「一般財源」に振り替えることは止むを得ないものと考えられます。

⑵　議会

ここで、議会での補正が間に合わないタイミングで財源の補正を行う場合、財務規則において首長専決を規定している市町村においては、首長専決で対応することとなります。

なお、決算対応での「一般財源」への振替えを行うには、振替えに必要な決算剰余金があることが前提となるので、注意が必要です。

また、議会への報告は、６月議会における繰越明許費計算書により行うこととなりますが、事後報告的な形となってしまうため、議会への正式報告前に議員への事前説明を行うなど、丁寧な対応が求められます。

●予算措置

Q101 予算措置がされていない段階における、市あての要望に対する回答

市内の民間病院が新築移転をするに当たり、市に対して、財政支援を求める要望があり、具体的な財政支援額を記載した回答書の提出を求められている。

予算措置（債務負担行為）がされていない段階では、「○億円を補助する」など、具体的な金額を補助する旨の回答はできないとは考えているが、「上限○億円とする予算を議会に提出し、これが議決されたのち、○年～○年の○年間で補助する」と回答してもよいか。

●関係法令

自治法211条、214条

A　「上限○億円として○年～○年の○年間で補助することを内容とする予算案を議会に提出する」など長の専属的な権限の範囲にとどめるのが妥当と考えます。

●　債務負担行為

債務負担行為とは、歳出予算の金額、継続費の総額又は繰越明許費の金額に含まれているものを除き、将来にわたる債務を負担する行為を指し、債務負担行為として定めない予算外の義務負担行為は無効となります（自治法214条）。

例えば、用地買収の場合、予算措置がされていない段階で、買収の交渉や買収価格の決定を事実上行うことは差し支えありませんが、債務負担行為の予算議決を経ない限り、売買契約の締結手続をすることはでき

ないため、当事者間で売買価格を決定したといっても、当該議決に至るまではその価格はあくまで予定価格に過ぎません。しかし、これでは売買契約の相手方との信頼関係を含め、道義上の問題も生じ得ることから、債務負担行為の予算議決が得られるまでは、契約及びその性質については、相手方に十分説明し、締結の時期も慎重に決める必要があります。

● 本ケースの場合

本問において、「要望に対する回答書の提出」という行為が、関係当事者間の諾成契約に当たるのか、あるいは互いの意思の表明にすぎないのかは各当事者の記載内容から判断することになりますが、特に地方公共団体の回答内容には、その実施について一定の責任を伴うことから、特に予算を要する事業・施策において全く予算の裏付けがないものについては、その回答に慎重を期すべきであるのは当然と言えます。

そこで、「上限○億円とする予算を議会に提出、議決されたのち、○年～○年の○年間で補助する」と回答した場合、両者間では、「 補助金額の明示のない、○年～○年の○年間補助すること 」に関する停止条件付の契約（仮契約）の締結と同等の意味合いを持つものと思われることから、予算の裏付けのない段階では、当該表現の回答を行うのは適当ではないと考えます。

本問の場合には、その内容が長の専属的な権限（予算案の提出権：同法 211 条）の範囲内で、例えば、「上限○億円として、○年～○年の○年間で補助することを内容とする予算案を議会に提出する」との表現にとどめるのが妥当と考えます。

●補正予算

Q 102 当初予算が成立する前の補正予算案の提案

当初予算を議会に提案した後、特段の事情から予算を追加しなければならなくなった。当該当初予算が成立する前に、この補正予算案を提案できるか。

●関係法令
自治法218条

A 当初予算成立前でも、当初予算が先に議決されれば、補正予算の提案自体は可能です。

● 補正予算について

補正予算については、自治法第218条に、「普通地方公共団体の長は、予算の調整後に生じた事由に基づいて、既定の予算に追加その他の変更を加える必要が生じたときは、補正予算を調製し、議会に提出することができる」と規定されています。

補正予算は既定の予算に追加その他の変更を加えるものですから、まず当初予算の存在が前提であり、補正予算が単独で存在することはあり得ません。つまり、当初予算が存在しないなら、そもそも補正の対象がないことになります。

ただし、当初予算の提案後に補正予算案を提案したのであれば、当初予算が先に議決されれば、その後に補正予算を議決する時点では補正の対象である既定予算が存在することになります。

したがって、当初予算の成立前でも、補正予算の提案自体は可能であると言えます（行政実例「当初予算成立前における補正予算の提案及びその議決の時期」昭和28年7月1日）。

●補正予算

Q 103　補正予算案の提案の回数

同一の議会会期中に一般会計の補正予算が２回提案されることになった。これは一事不再議の原則に抵触しないか。

●関係法令

自治法 218 条

A 提案される議案の件名が「補正予算」であっても、前の事件の議決と内容が異なるのであれば、一事不再議の原則には抵触しません。

●　同一議会会期中の複数の補正予算

同一の会期内では一つの補正予算が組まれ、提案されるのが一般的です。しかし、補正予算編成の際に何らかの事情でさらに補正予算を組まなければならない（２回に分けて組まざるを得ない）場合もあり得るところです。

●　一事不再議

一事不再議とは、議会で採決された事件については、同一会期中は再び提案できないという原則であり、法令上の明文はないのですが、議会運営上のいわば条理から、基本的なルールとされています。

では「一事」でないとは、具体的にどの程度のものを言うのでしょうか。これは当該議案の実質的な違いによるものと考えられており、例えば前の事件の議決と今回提案したい事件の間に、災害の発生、経済情勢の大きな変動、その他事情の変更があれば、仮に提案される議案の件名が「補正予算」であっても、その内容は異なる訳ですから一事不再議の原則には抵触しないこととなります。

ただし、さらに提案したケースについては、各会派など議会関係者に予め丁寧な「事情変更」の説明をし、議会において一事不再議ではないかとの疑義を持たれないよう、当局として十分説明責任を果たしておく必要があります。

●債務負担行為

Q104 議会議決の翌年度以降において債務負担行為限度額を変更できるか

債務負担行為について、その金額は初年度にしか変更ができないと解しているが、翌年度以降に変更（増額）を行う事案が発生した場合には、どのような手続をとればよいか。

●関係法令

自治法 214 条、215 条、自治法施行令 148 条

A 債務負担行為設定の翌年度以降に変更（増額）を行うべき事案が発生した場合であっても、設定済みの債務負担行為の限度額・期間を変更することはできません（債務負担行為の設定年度内であれば変更は可能です。）。

この場合には、変更の必要が生じた年度において新たな債務負担行為を設定することで対応することになります。

● 設定済の債務負担行為の変更

まず、なぜこのような疑義が生じるのかという理由について整理してみましょう。「債務負担行為」とは、将来にわたる債務を負担する行為を指し、債務負担行為として予算で定めた案件については、義務費として歳入歳出予算に計上されることになります。

このように、債務負担行為は予算によって定められる事項であり、自治法施行令 148 条（会計年度経過後の予算の補正の禁止）に、「予算は、会計年度経過後においては、これを補正することができない。」と規定されていることから、当該債務負担行為を設定した会計年度が経過した後には変更できないと解されている訳です。

● 本ケースの場合

(1)　本ケースのポイント

そこで、本問への回答のポイントは、「債務負担行為は設定した年度の予算である」ということです。例えば、平成29年度に設定した債務負担行為（期間：平成29年度から令和元年度）は、あくまで平成29年度における「予算」であり、平成30年度、令和元年度にはこの予算という形は残りません。つまり、平成29年度に設定した債務負担行為の結果として、一定の債務が残るだけなのです。

したがって、債務負担行為を設定した年度内に、何らかの事情で目的とする契約が締結できなかったような場合には、次年度以降はその債務負担行為の効力が失われるため、当該契約を締結するためには、新たな債務負担行為を設定しなくてはなりません。

ちなみに「継続費」については、予め年割額を義務付けて「予算」が確保されるものであるという点で債務負担行為とは性質が異なるため、補正予算によって変更することが可能です。

(2)　新たな債務負担行為の設定例

新たな債務負担行為を設定する場合の具体例を示すと、以下の表のようになります。

	年度					合計
	H 29	H 30	R元	R 2	R 3	
債務負担行為A【当初】	100万円※	100万円	100万円	100万円	100万円	500万円
債務負担行為B【追加分】			50万円※	50万円	50万円	150万円

※債務負担行為を設定する年度

【当初分】　平成29年度に設定する債務負担行為
限度額：500万円、期間5年間（H 29～R 3）の場合

【追加分】　令和元年度に債務負担行為の変更（増額）の必要が生じ、債務負担行為を設定するときは限度額：150万円の追加設定、全体期間の変更はなし⇒（R元～R 3）

●債務負担行為

Q 105 土地区画整理組合に対する保証契約の可否

土地区画整理組合が金融機関から融資を受けるのに当たり、当該金融機関から町に対し、「債務保証」をしてほしいとの要請があった。

町はこの要請を受け、土地区画整理組合に対する融資について、「債務保証」を行うことが可能か。

●関係法令

法人に対する政府の財政援助の制限に関する法律（以下「財政援助制限法」という。）3条、自治法221条3項

A 原則、地方公共団体は、債務保証（損失補償）を行うべきではないでしょう。保証を行う場合は、指針等を踏まえ、慎重に判断する必要があります。

● 債務保証

地方公共団体が「債務保証」することで考えられることは、「保証契約」と「損失補償契約」の二つがあります。

(1) 保証契約

まず「保証契約」について検討します。財政援助制限法3条に規定があり、「……地方公共団体は、会社その他の法人の債務については、保証契約(注1)をすることができない。ただし、財務大臣（地方公共団体のする保証契約にあつては、総務大臣）の指定する会社その他の法人の債務については、この限りでない。」とされています。

したがって、地方公共団体は、「総務大臣の指定する会社その他の法人

の債務」(注2) でない限り、「保証契約」をすることはできないことになります。

(2) 損失補償契約

① 損失補償契約とは

次に、「損失補償契約」(注3) についてですが、自治法の規定（損失補償を前提とした規定（221条3項））や、他の地方公共団体における事例及び以下の判例等を踏まえますと、法的には締結が一応可能とも推察し得るところです。

・「会社その他の法人のために地方公共団体が損失補償契約を締結し、債務を負担することは法の予定するところであるといえる」(福岡地裁平成14年3月25日)

・「損失補償については」財政援助制限法「第3条の規制するところではないもの」（行政実例「法人に対する地方公共団体の損失補償」昭和29年5月12日）

② 損失補償の是非

しかしながら、「第三セクター等の経営健全化等に関する指針」（以下「指針」という。平成26年8月5日付け総財公第102号総務省自治財政局長通知）等を考慮しますと、やはり原則として地方公共団体は「損失補償」を行うべきではないでしょう（参考：国土交通省から提示されている「組合施行による土地区画整理事業の経営健全化に向けた対応方策」（平成18年6月28日付け国都制第33号国土交通省都市・地域整備局市街地整備課長通知）においても、地方公共団体による技術的な支援として「債務保証等による信用付与」は提示されていない。)。

それでもなお、地方公共団体において損失補償を行うと判断される場合は、同指針の以下の箇所を踏まえる必要があります。

□第三セクター等の経営健全化等に関する指針（抜粋）

「他の方策による公的支援では対応困難など、真に必要やむを得ず損失補償を行う場合には、あらかじめ損失補償契約の内容、損失補償を行う特別な理由・必要性、対象債務の返済の見通しとその確実性、健全化法の規定に基づき将来負担比率に算入される一般会計等負担見込額、損失補償を行っている債務（財政負担）を当該地方公共団体が負うことになった場合の影響等を記載した調書を調製した上で、議会・住民等に対して明らかにし、理解を得るべきである。」

さらに、「損失補償契約」の締結に当たっては、予算における債務負担行為として、議会の議決が必要である点にも注意が必要です（同法214条）。

（注１）　保証契約……主たる債務を前提とし、その債務が履行されない場合に、保証人がこれに代わって弁済する契約をいう。

（注２）「総務大臣の指定する会社その他の法人の債務」とは、一般的な基準を指定するものではなく、（保証契約の対象となる）個別の事業を指定するものである。

（注３）　損失保証契約……特定の者が金融機関等から融資を受ける場合、その全部又は一部が返済不能となり、当該金融機関が損害を被ったときに、融資を受けた者に代わってその損失を補償する契約をいう。

Q106

●債務負担行為

継続費や債務負担行為に基づく予算を減額又は削除する議決はできるか

予算の内容として既に債務負担行為や継続費の議決を得た事業について、当該年度の「歳入歳出予算」に予算計上したものは、議会としてこれを減額修正や否決することができるか。

●関係法令
自治法177条1項1号、218条2項

A 継続費や債務負担行為に基づく予算を減額、削除する議決があったとしても、議決そのものは有効と言えます。このため、当該予算の減額、削減が議決された後、どのように対処するのかが問われることとなります。

●　継続費と債務負担行為の違い

(1)　継続費

まず、「継続費」とは、「2会計年度以上にまたがる事業については、予算の定めるところにより、その経費の総額及び年割額を定め、継続費として数年度にわたって支出することができる」こととされる経費のことです（松本英昭著『新版逐条地方自治法第9次改訂版』（学陽書房）761頁）。例えば、土地建物の購入のような一時に完了する事業であっても、その費用を数年にわたって支出する場合などが挙げられます。

(2)　債務負担行為

また、「「債務負担行為」とは、歳出予算の金額、継続費の総額又は繰越明許費の金額に含まれているものを除き、将来にわたる債務を負担する行為」のことです（前掲書768頁）。

つまり、「継続費」と「債務負担行為」との違いは、「継続費は支出権限まで付与されるが、債務負担行為は単に債務を負担する権限を付与されているにすぎない」という点です。具体的には、「継続費は年割額の本年度分を継続費の中に計上すると同時に、歳出予算中に計上しなければなりませんが、債務負担行為の場合は、歳出予算の金額からは除かれています」(地方自治制度研究会編集『地方財務実務提要』(ぎょうせい))。

このような継続費や債務負担行為は議会で議決された時点で、後年度の「義務費」に分類されます。

● 削除・減額された場合の対処

冒頭に述べましたように、継続費や債務負担行為に基づく予算の減額、削除の議決が有効とされる一方で、自治法は、このように義務費が減額、削除されることを想定して、「特別的再議（自治法177条1項1号)」や「暫定予算（同法218条2項)」の制度を規定しています。

例えば、議会において義務費を削除し又は減額する議決をしたときには、“その経費及びこれに伴う収入について、当該普通地方公共団体の長は、理由を示してこれを再議に付さなければならない”（同法177条1項）ものとされています。

そしてこの特別的再議に付してもなお、義務費が議会において削除又は減額された場合、長には「原案執行権」が認められており（同条2項)、長は削除又は減額された義務費を予算に計上して執行することができるものとされています。

また、「暫定予算」とは、予算が当該年度が開始する前までに成立しないような場合に、予算成立まで一定の期間を限って設ける予算であり、必要最小限の義務的経費を計上する予算のことです。

以上のことから結論をまとめますと、義務費が削除、減額された場合は、次の３つの対処法が考えられることとなります。

①一事不再議の原則に反しないように、当局側において修正した予算案を再度、同一会期中の議会に予算案を改めて提案し直す（臨時会でも可）。

②暫定予算を提出する（同法218条2項）。

③再議（特別的再議）に付する（同法177条1項1号）。

（議会において義務費を削除又は減額する議決をした場合の再議）

2 財務

●財産

Q107 行政財産の目的外使用許可

市内の観光地で、観光客が増加し駐車場の確保に苦慮している場所があるが、地元区から、近隣の市施設の駐車場について、その施設を使用しない時期に、駐車場業務を行いたいとの申出があった。このような場合、市として、地元区に対し、行政財産の目的外使用許可を行うことは可能か。また、地元区が観光客から駐車料金を徴収することはできるか。

●関係法令

自治法225条、228条1項、238条の4

A その施設の本来の用途・目的を妨げることがなく、地元区に駐車場としての使用を許可することは可能だと思われます。その場合、駐車料金を徴収することも可能でありますが、できるだけ低廉なものであるべきとの点に十分配慮が必要です。

● 行政財産の目的外使用

地方自治法第238条の4の解釈として「行政財産によっては、本来の用途又は目的外に使用させても、本来の用途又は目的を妨げないばかりか、場合によっては積極的に行政財産自体の効用を高めることもあり、また、行政財産の本来の用途又は目的が阻害されない限り、行政財産の効率的利用の見地からみて、その用途又は目的以外についても使用を認めることが適当であることがあるので、行政上の許可処分として使用させることが認められている」とされています（松本英昭著『新版逐条地方自治法第9次改訂版』（学陽書房）1007頁）。

この例として、「県庁舎の駐車場を休日に限り民間業者に使用を許可して、県民に低料金で利用させることができるか」という場合に対して、「休日に駐車場を使用させることは、通常、その用途又は目的を妨げないと考え」られ、「さらに、経済的な効用価値をできる限り最大限に発揮させて、地方公共団体の財政運営に資するとの観点が必要であることも考えれば、庁舎の駐車場を平日に仕事等で来庁する人に利用してもらう以外に、休日にその用途又は目的に反しない限りにおいて認めることを検討してもかまわないもの」とされています。また、使用料については、「住民へのサービスの提供と経済的な効用価値という観点から、できるだけ低料金で県民に利用してもらうことにすべき」と考えられています（地方自治制度研究会編『地方財務実務提要』（ぎょうせい））。

●　本ケースの場合

そこで、本問について考えますと、市施設を使用しない時期であれば、その施設の本来の用途・目的を妨げることはなく、また、特定の住民に排他的に利用させることではないため、地元区（法人格を有していない場合、その代表者）に駐車場としての使用を許可することは可能だと思われます。その場合、地元区が観光客から駐車料金を徴収することも可能でありますが、その際の料金は、あくまで利用者の利便の見地から、できるだけ低廉なものであるべきとの点に十分配慮した判断が求められるでしょう。

なお、同法225条により、行政財産の用途又は目的外の使用の許可を受けた者からは使用料を徴収することができ（今回の場合、市が地元区から徴収)、同法228条1項により、その使用料については条例で定めなければならないものとされています。

●使用料

Q108 使用料の名称設定

当市では、市営バスの運行を始めるため、関連条例を議会に提出する予定である。

自治法225条によると、地方公共団体が、行政財産の使用又は公の施設の利用につき徴収できるのは、「使用料」となっている。したがって、バス料金についても「使用料」と規定すべきと考えるが、一般的な感覚からするとバスについては、移動というサービスを受けるものであるため、「利用料」とした方が違和感がない。

他団体の事例では、「使用料」としている事例が多い一方、「料金」などの名称としている事例もある。地方自治法に基づいて「使用料」と規定すべきか、他の名称としても問題ないか。

●関係法令

自治法225条

A● 条例上での規定

自治法225条では、「使用料を徴収する」と規定されているため、一般的には、条例において「使用料」と規定している団体が多いと思われます。

本県の例では、「使用料」としているものが多いのですが、県立美術館や富士山世界遺産センター等については、「観覧料」とされています。

行政実例「公営住宅の家賃と使用料」（昭和26年11月10日）では、条例上の明記が「家賃」であっても、それは、同法225条（当時は220条）上は、「使用料」であることに変わりはないとされています。

以上から、条例上の記載がどんな形であろうとも、自治法上は、あくまで同条の「使用料」であると解されます。

●　公営企業についての徴収の場合

なお、地方公営企業法の適用を受ける公営企業について徴収される場合は、「料金」であり、地方公共団体の歳入とせず、指定管理者の収入として収受させる利用料金制を採用する指定管理の場合は、「利用料金」となります。

●寄附

Q109 住民からの市町村への土地・建物の寄附の申出

住民から、その所有する住宅や倉庫の寄附の申出があった場合、自治体としてはどのように考え、対応すべきか。

●関係法令

自治法244条各項、244条の2各項、国家賠償法2条1項　ほか

A 寄附の対象となる民有財産について、具体的な活用目的と目指す効果、管理計画や修繕・改修等の経費を十分・慎重に検討し、受領の可否を判断することが望ましいと言えます。

● 個人所有の不動産の寄附

近年の傾向として、住民個人が、相続における混乱の回避や転居などを理由に、市町村に自己所有の土地や建物、倉庫等の不動産を寄附したいと申し出るケースが増えています。

自治体としては、事業予算が限られ、今後さらに投資的経費につき相当の選択と集中（重点化等）が必要となり、特にハード面では設置に慎重な検討が求められる中、こうした民有財産の有効活用は大変重要なテーマであり、寄附を頂けるのはありがたいことです。

しかし、民有財産は、寄附を受けた後、実際に自治体として施策上使用する目的が明確なればこそ有効活用できるもの（例えば移住・定住施策の拠点的施設、郷土資料館、集客施設あるいは書庫など）であり、そうした資産の活用方針は具体的に、住民に対して明瞭であることが求められます。

● 受領時に検討されるべきこと

ですから、具体的な活用目的と目指す効果、管理計画や修繕・改修等の経費も十分に検討されないまま、自治体として当該物件の利活用可能性を安易に推量し寄附を受領することは適当とは言えません。物件が自治体所有となれば直ちに適切な維持管理が必要となり、関係経費の捻出は勿論のこと、管理に瑕疵があれば不法行為責任も生ずることにもなり(国賠法２条１項ほか)、自治体としてはそうした賠償問題についても考慮せざるを得ません。

勿論、寄附受領後に市町村の普通財産として直ちに公売に掛けることも可能ではありますが、それでは自治体として有効に資産を活用したことになりませんし、そもそも簡単に売れるような物件なら住民は最初から不動産関係者に相談する訳ですから、自治体としては事務の非効率を招くだけとなる可能性もあります。

住民からの寄附の申出は誠にありがたいことですが、不動産の寄附については、現時点又は近い将来において自治体として具体の使用・活用方法が明確でないなら、やはり慎重に検討してから対処すべきであり、寄附申出者には自治体の現在の状況・事情やまちの将来計画等を丁寧に説明の上、場合によっては丁重にお断りすべきケースもあり得ることとなります。

●寄附

Q110 使途を指定した住民からの寄附の申出

住民から用途を指定して寄附金の申出があった場合、どのように対応すべきか。

●関係法令
自治法96条1項9号

A 負担付きの寄附又は贈与を受ける場合(自治法96条1項9号に該当する場合)は、議会の議決を要しますが、本ケースは、「単に用途を指定した指定寄附のようなもの」であるため、同号には該当しないと思われます。

●　寄附金

住民から自治体への寄附金は、その金額を問わず大変貴重なものであり、可能な限り寄附者の御意向に沿うよう自治体として最大限の努力をし、効果的に活用すべきであることは当然です。

(1)　使途指定のある寄附の扱い

福祉、教育のために、図書館の改修や図書充実のために、あるいは新たに設置予定の公の施設建設に役立ててほしいなど、住民からの使途を「指定」した寄附の取扱いについては、自治法96条に関連規定があります。すなわち、負担付きの寄附又は贈与を受ける場合は、議会の議決を要するとするものです(同条9号)。これは、そもそもどのような場合を指すのでしょうか。

同号の規定は、例えば、「今後一年以内に林道を建設し、さらにその間に建設されなかった場合には返還してもらうという条件付きで、その林道建設費として必要な金銭の全額を寄附したいという申し出」(地方自治制度研究会編『地方財務実務提要』(ぎょうせい)) など、「寄附又は贈与を受ける際に、反対給付的な意味において、普通地方公共団体の負担を伴う一定の条件が付され、その条件に基づく義務を履行しない場合は、当該寄附又は贈与が解除されるような」場合を指しています(松本英昭著『新版逐条地方自治法第9次改訂版』(学陽書房) 372頁)。

これは、「寄附又は贈与を受ける際に普通地方公共団体が何らかの負担を伴う一定の条件が付され、その負担の内容によっては地方公共団体の施策に影響を与えたり、思わぬ損害を与えたりすることがあるため、あらかじめ議会において当該寄附又は贈与を受けることについてその条件等を調査審議し、決定しようとする趣旨」からであると解されています(地方自治制度研究会編『地方財務実務提要』(ぎょうせい))。

⑵　負担付きの寄附又は贈与

いかなるものが負担付きの寄附又は贈与と言えるかについては、「寄附又は贈与の契約に付された条件そのものに基いて、地方公共団体が法的な義務を負い、その債務不履行の場合には、その寄附又は贈与の効果に何らかの影響を与えるようなもの」である場合に該当し(行政実例「「負担付きの寄附又は贈与」の意義」昭和25年5月31日)、「単に、土地、建物等の寄附を受け、その結果、その維持管理費等を行うといった負担を地方公共団体が負う場合、あるいは寄附者が単に使途を希望したのみの場合(指定寄附の場合)等」である場合は負担付きの寄附に該当しないと解されています。本問のようなケースは「単に用途を指定した指定寄附のようなもの」であるため、同条9号には該当しないと思われます(地方自治制度研究会編『地方財務実務提要』(ぎょうせい))。

●　寄附受領の披露

ところで、実際の寄附受領時の扱いはどうでしょうか。寄附に深く感謝し、丁重に受領するとして、財務会計上は諸収入又は雑入の形で入金処理されます。その後、寄附者の使途についてのお約束が自治体として確実に外部に明示されるのかどうか……せっかく寄附してくださった方々の温かいお気持ちが、目に見える形になることも大切です。

少なくとも予算上は、当該寄附のおかげで施策が推進しやすくなるのですから、寄附者の御意向に最も近い予算案の款項目で当該金額と同額を増額すればいいでしょう。そしてどうして予算が増えたのか、又は当該寄附を受けた旨を議会や住民に説明すれば、寄附の使途と寄附者への謝意がそこで明示できます。

手法はいろいろあり得るところですが、寄附者の御厚意による特別なお金が行政に着実に生きていることを、議会や住民にきちんと披露する工夫は必要だと考えます。

Q111

●指定金融機関

指定金融機関の選定結果が、現行と同一金融機関となった場合における議会議決の要否

当市では指定金融機関を３年毎の交代制としている。今回、指定金融機関の交替制を導入してから初めて指定金融機関が変更とならない選定結果となったが、この場合、当該金融機関の指定に係る議会の議決は必要か。

●関係法令

自治法 235 条２項、自治法施行令 168 条２項　ほか

A 新たな指定金融機関の選定の作業を行った結果、たまたま現行と同一の金融機関が対象となったにすぎないと考えられることから、改めて議会から指定の議決を得ることが適当です。

●　指定金融機関

自治法 235 条２項及び同法施行令 168 条２項により、市町村は、議会の議決を経て、一の金融機関を指定して、公金の収納及び支払の事務を取り扱わせることができます（指定金融機関）。また、自治法施行令 168 条３項により、市町村は、指定金融機関をして、その取り扱う収納及び支払の事務の一部を、長が指定する金融機関に取り扱わせることができます（指定代理金融機関）。

指定については、具体的な契約の締結（指定金融機関の場合は市町村と金融機関の契約、指定代理金融機関の場合は指定金融機関と指定代理金融機関の契約）により、効力が発生します。また、同令 168 条８項により、長は、指定金融機関や指定代理金融機関を定め、又は変更したときは、その旨を告示しなければなりません。

● 金融機関の指定

公金取扱いの特殊性及び重要性に鑑みて、議会が関与することが適当であるとの考え方から、指定をする場合には、どの金融機関を指定金融機関にするかについて議会の議決が必要です（自治法施行令168条2項）。

金融機関を指定することが法律で義務付けられている都道府県とは異なり、「市町村は、任意である」とされていますが、「金融機関のあるところは、積極的に指定金融機関等を指定して公金取扱いをさせるようにし、会計管理者の直接取扱いを避ける方が望ましい」と考えられています（松本英昭著『新版逐条地方自治法第9次改訂版』（学陽書房）961、967頁）。

なお、指定が一つの金融機関に限られているのは、「地方公共団体の公金の収納及び支払いの事務を能率的に処理するとともに、資金状況を統一的に把握して資金運用を計画的、効率的に行い、また、地方公共団体に対する責任を集中させるため」であるとされています（地方自治制度研究会編『地方財務実務提要』（ぎょうせい））。

この指定金融機関の指定に当たっては、「交替制によることもさしつかえないが、半年毎のごとき短期交替制は認められない」とされています（行政実例「「一つの金融機関」の意味」昭和38年12月19日）。これは、「当該団体の出納事務の適正な経由の面、住民の立場からの不便が考えられ」るためです（地方自治制度研究会編『地方財務実務提要』（ぎょうせい））。

● 本ケースの場合

さて、質問の事例では、指定金融機関との間に指定期間を3年間とした契約が締結されているものと思われます。今回、この契約期間の満了に際して、新たな指定金融機関の選定の作業を行った結果、たまたま現行と同一の金融機関が対象となったにすぎないと考えられることから、改めて議会から指定の議決を得ることが適当です。

なお、指定金融機関を定め、又は変更したときは、これを告示しなければなりませんが（自治法施行令168条8項)、「告示は単に金融機関名のみでなく、位置・名称・取扱事務の範囲をその内容に含ませるのが適当」とされています（松本英昭著『新版逐条地方自治法第9次改訂版』(学陽書房）964頁)。

●指定金融機関

Q112 指定金融機関の合併

市の指定金融機関であるA信金がB信金（指定代理金融機関）に吸収合併され、C信金となる予定であるが、次の点について確認したい。

【質問1】 C信金を指定金融機関として新たに指定する必要があるか。

【質問2】 C信金と改めて指定契約を締結する必要があるか。

【質問3】 A信金とB信金との間の指定代理契約の解除について、何らかの手続の必要があるか。

【質問4】 指定金融機関名の変更の告示は、合併日・合併日前のどちらがよいか。

●関係法令

信用金庫法60条、61条の6、民法520条

A ● 指定金融機関

指定金融機関については、**Q111**を参照してください。

● 本ケースの場合

(1) 質問1について

信用金庫法60条による吸収合併の場合、A信金の権利義務の全てが一括して法律上当然にC信金に承継されることとなります。指定金融機関の合併に伴う再指定の要否については、「指定金融機関の指定を受けている銀行が、他の銀行と合併し解散することとなった場合、合併後存続す

る銀行が従前の指定金融機関の権利義務がすべて一括して法律上当然に移転され、個々の権利につき格別の移転行為を必要としないことから、指定契約に基づく権利義務も当然に移転することとなる」こと、「地方自治体から「指定」を受けていることから公法上の地位を有している点についても、本体の指定契約に基づく権利義務が移転される」こと、「「指定」は一身専属的な行政行為とはいえない」こと、「当該金融機関の契約内容が不利になるような場合には事情変更として指定の取り消しができることなどの理由を挙げ、新たに指定をし直す必要はない」と解されています（地方自治制度研究会編『地方財務実務提要』（ぎょうせい））。

⑵　質問２について

市とA信金との間の指定契約に基づく権利義務については、C信金に承継されることから、改めて指定契約をする必要はないと考えられますが、契約当事者を改めて明確にするため、新たに市として指定契約を締結することを妨げるものではないと考えられます。

⑶　質問３について

吸収合併により、A・B両信金の間の指定代理契約は、債権債務の混同（民法520条）による帰属関係の消滅から、当該契約の効力も消滅すると考えられますので、特段の手続は不要と解されます。

⑷　質問４について

指定金融機関の変更を告示する趣旨が、広く一般市民の方に周知すべきであることを踏まえますと、合併前に行うのが望ましいと思われますが、信用金庫の合併については、信用金庫法61条の6により、関係省庁による認可をもってその効力が発生することから、少なくともC信金が正式に認可された後に告示をすべきであると考えられます。

Column

地方公会計システムの新たな活用方法（静岡県の事例）

平成26年度から静岡県と県内市町で構成する「静岡県行政経営研究会」で議論を続けており、千葉大学大学院社会科学研究院の大塚成男教授のアドバイスを受けながら、具体の活用方法を検討したところです。

●　分析手法

その手法ですが、まず目的別に分類した有形固定資産の特徴を市町ごとに分析します。具体的には教育行政、住宅行政分野を中心に、住民一人当たりの金額や施設の減価償却率の視点から資産分析を進めました。

●　分析結果

この分析の結果、市町の各資産（主に施設）の行政分野ごとの住民一人当たりの金額と減価償却率の進行状況をグラフ上にプロットし、一覧的に比較し、各市町の持つ有形固定資産の強み、弱み、分野別の傾向や特徴を把握しました。そして、これらの整理データを今度は市町別に分かりやすく比較することで、市町が保有管理する固定資産（主に公共施設）の特徴を見出すことに成功したものです。

こうした実態・課題の把握は、これまでの固定資産台帳等に基づく調査だけでは十分に行えません。市町において同台帳を目的別に整理・分析し、政策上のウエイトや強み・弱み、資産全体の傾向や課題等を割り出すのは、自治体共通の制度である公会計システムのこうした活用で初めて可能となります。

●　活用方法

市町の今後の資産管理計画や当初予算の調製のためのヒント（指針）

となります。また、公共施設等の維持管理に関する中・長期的収支見込の資料作成にも活用できます。

正に、今後の自治体における資産経営や施設等の重点化などに有効な活用手法ということになります。

〔資産情報の団体間比較〕

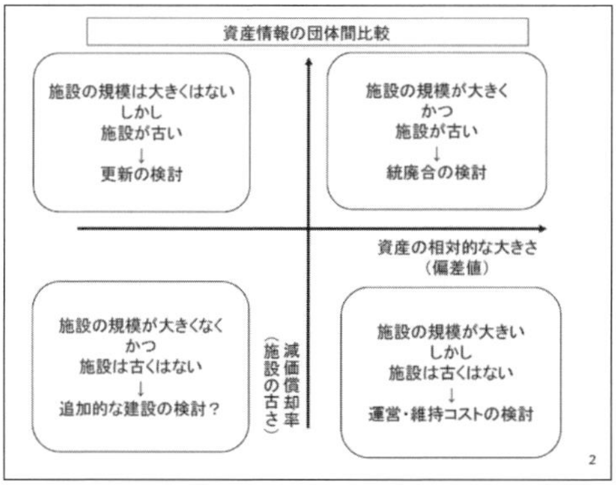

〔団体間比較のサンプル〕

（A団体）
積極的な投資が行われ、比較的新しい施設が多い団体

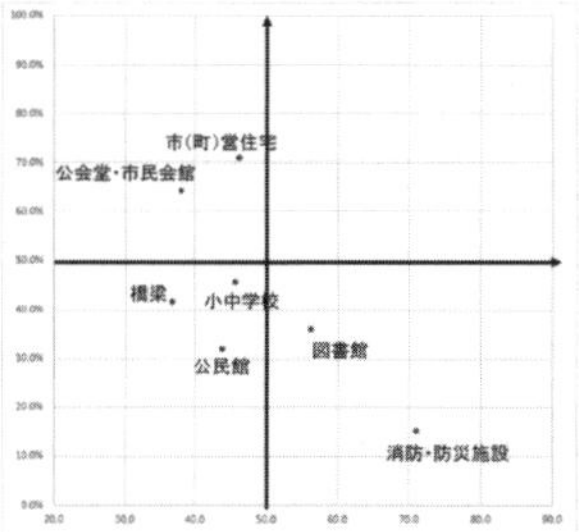

（B団体）
施設の規模が大きくかつ施設が古いため、早急な対応が必要な団体

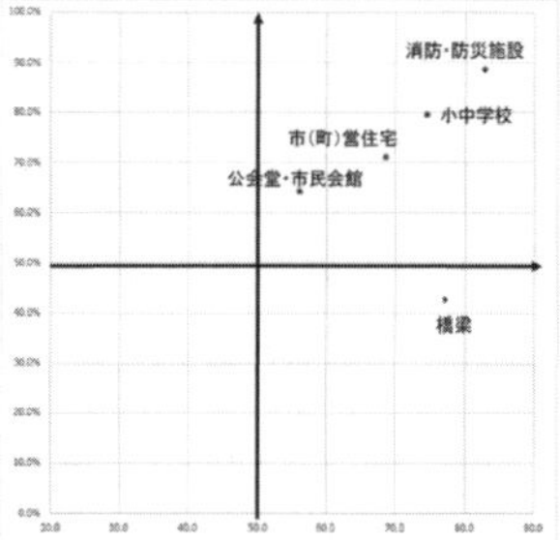

3 損害賠償責任

●損害賠償

Q113 免責条例制度の創設の趣旨及び監査委員の意見の聴取の趣旨

平成 29 年の自治法改正により自治体の長や職員等の損害賠償責任を一部免責する免責条例制度が創設されたが、どのような趣旨なのか。

また、免責条例制定時に監査委員に意見を聴く趣旨とは何か。

●関係法令

自治法 242 条の 2 第 1 項 4 号、243 条の 2 第 2 項

A ● 自治法改正前の課題

平成 29 年改正前の自治法では、長や職員等の損害賠償責任については、国賠法上、公務員個人の求償責任の要件は、故意又は重過失と規定されている一方、軽過失の場合でも損害の全額について責任を追及されることとなっていたため、場合によっては億単位の高額の賠償責任が追及されることがあり、長や職員等が大きな心理的負担を抱き、職務の執行において萎縮が生じてしまうことが懸念されていました。

また、こうした高額の賠償責任に対して、自治体がその長や職員等に対して有する損害賠償請求権の放棄が議会の裁量に委ねられ、その判断が議会での政治的関係に影響をうけて、客観性や合理性が損なわれ、裁量の逸脱又は濫用となっているという懸念もありました。

● 自治法改正

こうした課題を解決するため、平成29年6月に自治法の改正が行われ、会社法や独立行政法人通則法などの他法令を参考に、善意かつ重大な過失がないときは、条例によって、長や職員等の損害賠償責任の範囲を事前に明示し、一律に責任の一部免責を行うことが可能とされました(同法243条の2第1項)。

具体的には、政令で定める基準(参酌基準)を参酌し、政令で定める額(最低額)以上で最低責任負担額を設定しますが、令和元年11月の自治法施行令の改正により、参酌基準は給与年額の6倍(長)～1倍(職員)、最低額は給与年額とされました(同施行令173条1号)。

● 監査委員からの意見聴取

免責条例の制定・改廃について監査委員からの意見聴取手続を設けた理由としては、「免責条例は、長や職員等の損害賠償責任について、事前に一律包括的にその一部を免責するという効果を有するものであり、その制定又は改廃に当たっては、判断の客観性・合理性を担保する必要がある」として、「議会は、免責条例の制定又は改廃に関する議決をしようとするときは、あらかじめ監査委員の意見を聴かなければならないとして、同法96条1項1号の手続を加重することとしている」とされています。

また、「監査委員は、条例の内容が客観性・合理性を欠くものではないか、最低責任負担額が職責、年収等に照らし相当性を欠くものではないかといった観点から意見を述べることになると考えられる」とされています(地方自治制度研究会編『Q＆A地方自治法平成29年改正のポイント』(ぎょうせい)65頁)。

●損害賠償

Q114 職員の不適切な事務処理により生じた損害の求償方法

当市が施行したある工事により影響を受ける商業施設に対し、当市職員が工事の事前通知の発出を怠ったことが原因で、その商業施設では突発的に施設の一部機能が利用できなくなり、利用客から利用料を受け取ることができなかった。商業施設から当自治体に対して受け取れなかった利用料について損害賠償請求を受けたため、当該職員への求償を検討している。

賠償責任に応じて職員へ求償する根拠には、地方自治法や国家賠償法、民法などが考えられるが、今回の当該職員への求償については、どの法令に基づき行うことが適当か。

●関係法令

自治法243条の2の2、国賠法1条、4条、民法715条

A ● 職員の賠償責任に関する規定

まず、自治法243条の2において、職員の賠償責任に関する規定が定められています。その趣旨は、「会計職員及び予算執行職員等について第1項に掲げる職務に限り、職務の特殊性に鑑みて、民法上の責任よりも責任発生の要件及び責任を限定し、職員がその職務を行うにあたり畏縮し消極的になることなく積極的に職務を遂行することができるように配慮するとともに、地方公共団体が損害を被った場合に、地方公共団体内部の簡便な責任追及の方法を設けることによって、その損害の補填を容易にしようとするものである（最判昭和61年2月27日民集第40巻1号124頁）。」とされています（松本英昭著『新版逐条地方自治法第9次改訂版』（学陽書房）1084頁）。

自治法243条の2の適用には、職員の職種（会計職員又は予算執行職員等）と要因となる事由（現金、物品等の亡失や予算執行行為等）が要件ですが、本件のケースはそのいずれにも該当しません。

● 民法と国家賠償法との関連

次に、民法と国賠法との関連についてですが、民法715条は、使用者の、被用者に対する求償権について定めており、一方、国賠法1条2項では、公権力の行使に当たる公務員が、他人に損害を与え、国又は公共団体が賠償したときの、その公務員に対する求償権について定めています。

公権力の公使について、判例では「国又は公共団体の作用のうち純粋な私経済作用と同法（注：国賠法）2条によって救済される営造物の設置又は管理作用を除くすべての作用を意味する」と判示しています（東京高判昭和56年11月13日判事1028号45頁）。

上記判例を踏まえると、本件のケースは「公権力の行使」に該当すると考えられるため、国賠法の規定が適用されると考えられます。そして、その場合の職員に対する求償については、同条2項により、その行為が「故意又は重大な過失」によるものであることが要件とされているので、当該職員に対し求償を行うには、職員に故意又は重過失があったかどうかが問題となります。

なお、判例（最判昭和32年7月9日民集第11巻7号1203頁）では、「重大な過失」とは、ほとんど故意に近い著しい注意欠如の状態とされています。

● 内部統制の視点

以上、自治法及び国賠法に基づく職員の賠償責任について説明してきましたが、何よりもまず、職員がこのような不適切な事務処理を行わないような組織体制を構築することが大切です。

平成29年自治法改正により、「内部統制」の仕組みが設けられ、内部統制に関する方針の策定及び体制の整備について、都道府県及び指定都市は義務、その他の市町村は努力義務とされました（令和２年４月１日施行）。

内部統制とは、「組織内において業務に支障を来すようなリスクに対応するための規範を設け、組織の中の人々がそれに基づいて業務を行っていくプロセスをいい、これにより事務の適正な執行を確保する」ものとされています。（地方自治制度研究会編『Q&A 地方自治法平成29年改正のポイント』（ぎょうせい）20頁）。

この趣旨を踏まえて、事前に不正や間違いの発生を防止する策を講ずるとともに、日常業務におけるチェック機能を通じてリスク管理を行っていくことが大切でしょう。

●国家賠償

Q115 台風による町有施設の破損により与えた損害の賠償

台風により町有施設の屋根が破損し、隣接する民家を損傷した。このような場合、町として損害賠償しなくてはならないか（自然災害のため、町が加入する保険の適用はない）。

●関係法令

国賠法２条

A● 自治体としての賠償責任

⑴ 法律

国賠法２条では、「道路、河川その他の公の営造物の設置又は管理に瑕疵があったために他人に損害を生じたときは、国又は公共団体は、これを賠償する責に任ずる」と規定されています。

同法１条が公務員の故意過失を要件として掲げ、過失責任の原則に立脚しているのに対し、同法２条は無過失責任を原則としています。

⑵ 判例

最判昭和45年８月20日民集第24巻９号1268頁（高知落石事件）は、「国家賠償法２条１項の営造物の設置又は管理の瑕疵とは、営造物が通常有すべき安全性を欠いていることをいい、これに基づく国および公共団体の賠償責任については、過失の存在は必要としない」と判示し、①営造物に物的瑕疵があって、通常有すべき安全性を欠くときは、②その管理者に過失がなくても、生じた損害につき賠償しなければならないとしています。

こうしたことから、災害など自然現象によって生じた被害にも、判例上、同法２条の適用が広げられるケースが少なくありません。

●　本ケースの場合

本問の場合は、通常想定できる程度の風速であったか否か（予見可能性）、施設が老朽化していたか否か（結果回避可能性）、行政として町有施設の改修が可能であったか（期待可能性）等の状況を総合的に判断した上で、通常有すべき安全性が欠けていたという状態ということであれば、同法2条の要件に該当し、賠償責任が生じ得ると言えるでしょう（以上、宇賀克也著『行政法概説第6版』（有斐閣）第22章）。

4 地方債

●適債性

Q116 公立幼稚園・保育所を廃止し、公共的団体による認定こども園整備への補助を行う場合の公共施設等適正管理推進事業債（集約化・複合化）の起債

公立幼稚園２園、保育所１園を統合し認定こども園を新設する。新設する認定こども園は社会福祉法人による民設民営で、施設整備費に対し補助する予定である。この場合、公共施設等適正管理推進事業債（集約化・複合化）（充当率 90％、交付税措置 50％）を活用することは可能か。

●関係法令

地方財政法５条、令和２年度地方債同意等基準、令和２年度地方債同意等基準運用要綱

A● 公共施設等適正管理推進事業債

公共施設等適正管理推進事業債（集約化・複合化）においても、公的団体が行う施設整備費に対する補助について、否定されているわけではありません。

公共施設等適正管理推進事業債（集約化・複合化）を活用するためには個別施設計画の策定が必要ですが、事例の場合、既存施設について、民設民営に統合することを個別施設計画に示されていることまで求めるものではなく、施設を集約化するという内容と時期が示されていれば適債性があります。

なお、施設を集約化するという内容と時期については、特に定めはありませんが、住民が納得できる内容である必要があります。

現行の規定では、民設民営に統合する個別施設計画を策定することまで求めることはできませんが、新設する認定こども園の公共性を踏まえると、社会福祉法人に個別施設計画を策定してもらうことが望ましいと言えます。

●適債性

Q117 借地の買取りの適債性

駅周辺整備事業において、Ａ市がＢ企業から借用している土地について、施設整備完了に合わせて買収する計画があり、合併特例債を起債予定だった。しかし、Ｂ企業内での協議に時間を要したことから、完了の２年後に買収となった。この買収費用に合併特例債を充当できるか。

●関係法令

地方財政法５条、令和２年度地方債同意等基準運用要綱

A 「令和２年度地方債同意等基準運用要綱」２⑴に用地費等の取扱いについての記載があり、「公営企業に係るものを除き、原則として、当該年度に施設の建設事業を行うもの及び、用地の取得と併せて造成事業又は設計を行うもので次年度に施設建設が確実に行われる見込みのあるものについて、当該の事業費の対象とするものであること」とされています。一方で、学校教育施設等整備事業債と公営住宅建設事業債においては、既存施設の借地買収についても起債対象とすることができるとされています。

ただし、公営住宅建設事業債の借地の買収費は、「既存の公営住宅用地である借地を買収する費用であっても、止むを得ない場合に限って起債対象とすることができる」とされています（地方債制度研究会編集『地方債質疑応答集』（ぎょうせい）1116頁）。

総務省によれば、運用要綱に「原則として〜」とあるため、例外であっても合理的に整理できれば起債可能という見解を示しています。

この事業について考えてみると、Ａ市にとって買収が施設整備完了後となったことは、止むを得ないものであり、そのことについて合理的に説明できれば起債可能と考えられます。

●適債性

Q118 民間病院が整備するドクターヘリ格納庫に対する過疎対策事業債の活用

複数市町村の緊急搬送を担う民間病院がドクターヘリの長寿命化を図るため、格納庫をＡ市に整備する計画である。整備費用の一部は、市町村の利用割合等に応じて、市町村が負担する予定である。Ｂ町（過疎団体）が、この市町村負担分に対して補助金を交付する場合の財源に、過疎対策事業債を充当することができるか。

●関係法令

過疎地域自立促進特別措置法12条

A●　過疎対策事業債の対象事業

過疎対策事業債（以下「過疎債」という。）の対象事業に「診療施設」の整備があり、患者を輸送するためのヘリポートの整備もこれに含まれます。本事例が、過疎債の対象となるのかどうか、以下の３つの視点から見ていきましょう。

①ドクターヘリの格納庫はヘリポートと言えるか

ドクターヘリの格納庫が、利用形態からみて、「ヘリポートを構成する施設の１つ」と明確に説明ができる場合は、ヘリポートの一部と解釈することができます。

②民間病院への補助金に過疎債を充当できるか

過疎債は、市町村自らが行う整備だけでなく、公共的団体等(注)が実施主体となる場合であっても起債ができます。民間病院が、公共的活動を営む公共的団体等に該当するならば、過疎債の充当は可能です。

③Ａ市内で行う整備にＢ町の過疎債を充当できるか

格納庫を整備する場所はA市ですが、格納庫整備費用のうち、B町の住民が利用する分を合理的に算出することができるのであれば、その部分について過疎債の充当は可能です。

これらの要件を全てクリアすれば、民間病院が行うドクターヘリ格納庫整備への補助金の財源に、過疎債を充当することは可能ですが、ドクターヘリ格納庫とヘリポートが別の場所にある場合には、本当に「ヘリポートを構成する施設の1つ」と言えるかどうか、整理しておく必要があります。

(注) 公共的団体等とは、自治法上は公共的な活動を営むものはすべて含まれ、法人格を有するか否かを問わないとされているが、当該市町村が、所有または権利等の所在が不明確な団体に対し、高率の交付税措置のある過疎債を財源とした補助金等を拠出することは、公共性等の観点からふさわしくなく、事業主体としての立場を明確にする観点から、これらのうち法人格を有するものとされている。」(地方財政調査研究会『最新 過疎・辺地債ハンドブック改訂版』(ぎょうせい) 30、31頁)

●適債性

Q119 指定避難所における避難者の生活環境改善のためのトイレ及びシャワー専用車両配備に係る緊防債の活用

大規模地震が発生した場合等に設けられる、指定避難所においては、トイレ及びシャワー施設の整備不足が指摘されている。これを解決する手段の一つとして、これらの機能を搭載した車両を予め整備し、災害に際して避難所に配備することが実用化されている。この場合、緊急防災・減災事業債（緊防債、充当率100%、交付税措置70%）を活用することは可能か。

●関係法令

地方財政法５条、令和２年度地方債同意等基準、令和２年度地方債同意等基準運用要綱

A 緊防債の対象事業の一つとして、「指定避難所における避難者の生活環境の改善のための施設」の整備が定められています（「令和２年度地方債同意等基準運用要綱」）。これについて、「令和２年度地方債に係る質疑応答集」では、その具体的な整備対象として、「トイレ・シャワー・空調設備……等々」を挙げています。また、トイレ機能を搭載した「トイレトレーラー」を、緊防債を充当して整備した実例が、他府県で存在しており、本件に関しては適債性があると考えられます。

ただし、以下の点について、留意が必要です。

・そもそも、適債性判断の基本は、「施設整備事業であること」に鑑み、起債協議から設備導入に至るまで、施設整備事業として対外的に説明できるようにするべきこと。

・当該車両について、妥当な耐用年数かどうかを確認すること（消防車両等を参照）。また、借入期間は、当該車両の耐用年数以上とするべきこと。

・整備後、災害対応施設と同等の位置付け、運用であることを説明できるようにするべきこと。

（例：使用頻度（訓練等）、配置計画、災害発生時の使用方法等を整理）

なお、令和２年８月末現在、緊防債は、令和２年度が最終年度ですが、当該年度までに建設工事に着手した事業に関しては、令和３年度以降も現行と同様の地方財政措置が講じられることとなっています。

●起債額

Q120 「土地改良事業における地方公共団体の負担割合の指針」に対する公共事業等債の起債上限額の考え方

「土地改良事業における地方公共団体の負担割合の指針」（令和2年4月1日付け農林水産省農村振興局長通知）（以下「ガイドライン」という。）に対する公共事業等債の起債上限額は、実際に負担する金額が対象となるのか、それともガイドラインに基づく負担割合が対象となるのか。

●関係法令

地方財政法5条、令和2年度地方債同意等基準、令和2年度地方債同意等基準運用要綱

A 令和2年度地方債同意等基準運用要綱において、「国営、都道府県営及び団体営土地改良事業に係る地方公共団体の負担金については、ガイドラインにおいて、地方公共団体が負担すべきとされている額を対象とするものであること」と示されています。

●　公共事業等債の起債上限額

公共事業等債は、補助事業に係る地方負担額及び国の直轄事業に係る負担金等を起債対象とすることができます（令和2年度地方債同意等基準）。

ただし、国営、都道府県営及び団体営土地改良事業に係る自治体の負担金については、実際に負担した額ではなく、あくまでガイドラインにおいて、自治体が負担すべきとされる額が起債の対象となります。

農林水産省が示しているガイドラインとは別に各自治体において負担割合を定めている場合があり、例えば都道府県営土地改良事業に関して、

常にガイドラインに基づく負担割合で自治体が負担しているとは限りません。実負担額とガイドラインにおいて、自治体が負担すべきとされる額が異なる場合は、十分に注意する必要があります。

なお、実際に負担した額がガイドラインに示された自治体が負担すべきとされる額よりも大きい場合、その差額分については、一般単独事業債の起債対象とすることができます。

●起債額

Q121 学校教育施設等整備事業債における起債対象事業費の考え方

学校教育施設等整備事業債について、学校施設環境改善交付金を受けて起債する場合の起債対象事業費の考え方はどのようなものか。

●関係法令

令和2年度地方債同意等基準運用要綱

A● 学校教育施設等整備事業債

学校施設環境改善交付金を受けて実施する事業の起債対象事業費は、当該交付金の対象事業費から、当該事業費に交付金要綱に定める交付率を乗じて得た額又は当該事業に充当した交付金の額のいずれか多い額を控除した額とするものとされています。

起債対象事業費の上限額は、交付額（事務費を除く。）に算定割合（国負担割合）の逆数を乗じた額となります。特別加算率がある場合は、加算後の額を用いて算定することができます。

算定割合や事務費については、県教育委員会から通知される交付金内示の内訳を参照してください。

●過疎対策事業債

Q122 過疎対策事業債を充当する事業についての注意点

過疎対策事業債を充当する上で、注意すべきことは何か。

●関係法令

過疎地域自立促進特別措置法12条

A● 過疎対策事業債

過疎対策事業債（以下「過疎債[注]」という。）は交付税算入率が70%と高いため、有利な財源として活用される傾向がありますが、残りの30%は純然たる借金として将来世代に負担を残します。まずは、まぎれもない借金であることに十分留意しましょう。

このため、充当事業については、真に地域の自立促進・発展につながるのかどうかを十分に検討する必要があります。そこで、過疎債を充当する上で具体的に注意すべき点を、ハード事業とソフト事業に分けて考えてみましょう。

(1) ハード事業

まず、建設改良等のハード事業に過疎債を充当する場合には、費用対効果を考慮した上で、本当に事業が地域に必要なものかどうかをよく検討することが必要です。

例えば、光ファイバー網の整備に過疎債を充当する計画があったと仮定します。この計画には、過疎地域の中でも特に人口密度が低く、採算性が著しく低い地域の整備を含んでいたとします。しかし、その場合でも、費用対効果を考えた上で、本当にその地域を含めて光ファイバーを敷設する必要があるのかどうか、無線等の別の方式での整備コスト比較など整備手続も含めてよく検証して整備することが必要でしょう。

⑵　ソフト事業

また、過疎債は、地域医療の確保、住民の日常的な移動のための交通手段の確保や集落の維持及び活性化、そのほか住民が将来にわたり安全に安心して暮らすことのできる地域社会の実現を図るためのソフト事業に充当することができます。なお、ソフト事業分は、基金の積立や補助金の財源に充てることもできます。

様々なソフト事業への活用が考えられますが、特に移住・定住促進の事業に充当する場合は、個人財産の形成に資する使途となっていないか等に注意しましょう。また、ソフト事業分については、市町村の基準財政需要額と財政力指数に応じて発行限度額が決められていることにも、併せて注意が必要です。

（注）　過疎債は、例年全国からの要望額が、国の予算額を上回り、国による減額調整が行われる状況ですので、安定的な財源調達手法ではない点にも留意しておきましょう。

Column

過疎対策事業債の発行対象となる事業内容

過疎対策事業債とは過疎市町村が過疎計画に基づいて行う事業の財源として、特別に発行が認められた地方債のことです。

⑴　静岡県の指定地域

令和２年８月末現在、浜松市、沼津市、島田市、下田市、伊豆市、南伊豆町、西伊豆町、松崎町、川根本町（浜松市は旧春野町、旧龍山村、旧佐久間町、旧水窪町、沼津市は旧戸田村、島田市は旧川根町、伊豆市は旧土肥町）が過疎地域の指定を受け、それぞれの過疎地域の自立促進のために行う事業が過疎対策事業債の対象となります。

⑵　具体事業

具体的には、①産業の振興、②交通通信体系の整備、③生活環境施設等厚生施設の整備、④教育文化施設の整備、⑤集落再編整備のための用地の取得及び住宅等の整備、⑥自然エネルギーを利用するための施設、の６つの分野における事業が対象となります。

そこからさらに詳細な事業に区分されますが、例えば、①については、産業振興のために市町村が行う農林道の整備や漁港の整備、観光施設の整備などが対象となります。

ただし、過疎地域における事業であれば何でも対象となるというものではなく、事業が過疎計画に位置付けられていることが要件であり、なおかつ、事業を行うことで、地域の自立促進・発展につながるかどうかを適切に見極めることが重要です。

区　分	主な対象事業
産業の振興	地場産業の振興のための施設、観光、レクリエーションに関する施設などの整備
交通通信体系の整備	市町村が管理する道路や橋りょう、農林道、電気通信施設などの整備
生活環境施設等厚生施設の整備	高齢者の保健・福祉に関する施設、保育所、母子健康センター、診療所などの整備
教育文化施設の整備	幼稚園、小中学校、図書館、公民館などの整備
集落再編整備のための用地の取得及び住宅等の整備	過疎計画に基づいて集落を移転する場合などに必要な農地や宅地などの取得・造成
自然エネルギーを利用するための施設	太陽光、風力、水力などの自然エネルギーを利用するための施設整備

Q123

●合併特例債

新市建設計画の期間終了後も継続する建設事業への合併特例債の充当の可否

大規模な建設事業を行う場合、事業の完了が新市建設計画の終了後になっても、新市建設計画に掲載されている事業であれば、合併特例債を充当できるか。

●関係法令

市町村の合併の特例に関する法律（昭和40年法律第6号）11条の2

A ● 合併特例債

合併特例債の対象は、自主的な市町村の合併を全国的に推進していくために、「市町村の合併の特例に関する法律」のもとで合併した市町村が行う市町村建設計画に基づく事業となっています。

合併特例債の充当には、新市建設期間内の最終年度までに合併の効果が発現されることが必要となります。そのため、新市建設計画の最終年度までに事業が完了しない場合は、合併特例債を充当することができません。また、新市建設計画の最終年度をまたいだ複数年度の事業を行う場合、新市建設計画の最終年度までに事業が完了した分のみについても、合併特例債を充当することはできません。

しかしながら、適正な事業管理の結果、繰越明許費又は事故繰越により、やむを得ず新市建設計画の最終年度の翌年度に繰越をする場合は、新市建設計画の最終年度の同意があれば、合併特例債を充当することが可能です。

●合併特例債

Q124　合併特例債を原資とした基金の活用

新市建設計画期間終了後において、合併特例債を原資とする基金を活用できるか。

また、活用可能な場合、当該基金はハード事業に充当できるか。

●関係法令

市町村の合併の特例に関する法律（昭和40年法律第6号）11条の2

A　「市町村の合併の特例に関する法律(昭和40年法律第6号)」(以下「旧法」という。）11条の2第1項3号に規定する基金（以下「基金」という。）については、その積立金の運用益を財源に、市町村の地域振興や地域住民の一体感の醸成等のためのソフト事業を実施することとなっていますが、一定の範囲内で基金の取崩しと基金の活用が認められています。

●　新市建設計画期間の終了後の基金活用

新市建設計画期間の終了後においても、市町村が基金設置条例を廃止しない限り、基金の活用は可能です。基金の活用は、旧法11条の2及びこれに基づく基金設置条例で定められているもので、かつ新市建設計画に位置付けられた事業の財源とする場合に限られています。また、取崩しができる額は、前年度までに基金造成のために起こした合併特例債の償還が終わった額の範囲内となっています。

● ハード事業への充当

取り崩した基金についてはソフト事業への充当が想定されています。ハード事業への充当について、平成18年12月25日付け総務省自治行政局合併推進課事務連絡は、取り崩した基金を、旧法11条の2第1項1号、2号に規定する事業への充当を認めるとまでは言及しておらず、また、総務省自治行政局市町村課では、取り崩した基金のハード事業への充当を、法に反するとは言えないと整理しています。そのため、基金の取崩しについては、各市町村の判断により執行していただいているのが現状となっています。

【参　考】 市町村の合併の特例に関する法律（昭和40年法律第6号）

第11条の2第1項（地方債の特例等）

(1) 合併市町村の一体性の速やかな確立を図るため又は均衡ある発展に資するために行う公共的施設の整備事業

(2) 合併市町村の建設を総合的かつ効果的に推進するために行う公共的施設の総合整備事業

(3) 合併市町村における地域住民の連帯の強化又は合併関係市町村の区域であった区域における地域振興等のために地方自治法第241条の規定により設けられる基金の積立て

●借入年限

Q125 同意済の償還年限よりも長期の借入れに係る取扱い

同意を行う際には、「起債協議書」に同意額とともに借入れ条件（借入先、年利率、償還年限及び据置期間）を記載しているが、その償還年限よりも長期で借入れを行うことの可否について問う。

●関係法令

地方財政法5条の3、令和2年度地方債同意等基準、令和2年度地方債同意等基準運用要綱

A● 起債における同意の条件

起債における同意の条件は、同意書に添付する「起債協議書」により具体的に記載されています。

地方財政法5条の3（地方債の協議等）1項において、「地方債を起こし、又は起こそうとし、若しくは起こした地方債の起債の方法、利率若しくは償還の方法を変更しようとする場合には、……協議しなければならない。ただし、軽微な場合その他の総務省令で定める場合は、この限りでない。」とあります。ここで言う「軽微な場合」は、「地方債に関する省令（平成31年3月29日最終改正）」の第1条（地方債の協議を要しない場合）に定めがありますが、償還年限に関しては、同条3項において、「償還年限を短縮」する場合が該当する、とあります。このことから、標題の「問い」に対しては、「償還年限よりも長期」であることから、（市町村は）都道府県知事に対して、協議を行い、（総務大臣の同意を得た上での）都道府県知事の同意が得られれば可、ということになると解されます。

しかし、同意の借入条件から据置期間が延長されても、償還年限が短

縮される場合は、上記の「償還年限を短縮」に該当するため、協議は必要とされません。

● 地方債の償還年限

なお、地方債の償還年限については、地方財政法第５条の２の規定により、公用施設又は公用施設の建設事業の財源に充てるための地方債の償還年限は、当該施設の耐用年数を超えないようにしなければならないものとされており、原則的には、なるべくこれと一致することが望ましいとされています（しかしながら、財政融資資金及び機構資金ともに、実際には、地方債の償還年限は、耐用年数よりもかなり短く設定されています。）。

また、据置期間については、なるべく当該施設を利用できない期間（施設の建設期間）と一致させることが望ましいと考えます。

●運用

Q 126 同意額の範囲内での流用の扱い

起債協議を経て行った「同意」について、当該額の範囲内であれば、他事業の財源として流用することは認められるかを問う。

●関係法令

地方財政法5条の3、令和2年度地方債同意等基準、令和2年度地方債同意等基準運用要綱

A ● 県による起債協議

県による起債協議は、地方財政法5条の3（地方債の協議等）1項を根拠として、「(市町村等が）地方債を起こし、又は起こそうとし、若しくは起こした地方債の起債の方法、利率若しくは償還の方法を変更しようとする場合」に行うものとしています。

また、同条2項では、「前項の規定による協議は、地方債の起債の目的、限度額、起債の方法、資金、利率、償還の方法その他政令で定める事項を明らかにして行うものとする。」としています。

この協議を経て、県は、(総務大臣の同意を得た上で）市町村及び一部事務組合等の実施する予定である、特定の事業に対して、適債性を有するものと判断して、同意を行っています。

● 県と市町村等間の未協議の事業

この過程を踏まえると、県と市町村等の間で未協議の事業、あるいは別に同意協議を行った事業に対して、既同意額を流用することは、基本的には認められないものと考えます。

これを考慮せず、強引に他事業に充当したとしても、後年度に行われる（財務事務所や金融機構の）検査において違反が発覚すると、繰上償還となる可能性があります。

ただ、市町村等の責任において、流用予定先の事業が、協議済みの当該事業の範囲内であることを証明すれば、流用を認める余地はありますが、基本的には、事案が判明後、県と別途協議や変更協議を行うことが適切と考えます。

●届出

Q 127 起債届出制度の活用

起債における「届出制度（事前届出制）」について、その説明及び活用状況を問う。

●関係法令

地方財政法5条の3、令和2年度地方債同意等基準、令和2年度地方債同意等基準運用要綱

A ● 事前届出制

平成24年度より、地域の自主性及び自立性を高める観点から、地方債協議制度を一部見直し(注)、財政状況について一定の基準を満たす地方公共団体については、原則として、民間等資金債の起債に係る協議を不要とする、事前届出制が導入されました。

また、平成28年度からは、届出基準が一部緩和されるとともに、公的資金債の一部（特別転貸債・国の予算等貸付金債）に事前届出制が導入されました。

（注）　地方財政法5条の3第6項：協議しないときは、あらかじめ知事に届け出なければならない。
　　同法施行令17条3項：（知事は）届出を受けたときは、取りまとめ、総務大臣に報告しなければならない。

【参　考】 届出を行うことができる基準

区　分	許可団体	協議不要団体（届出）
実質赤字額	赤字額が標準財政規模に応じて、2.5%〜10% の間で段階的に設定される額以上	実質赤字でないこと 連結実質赤字でないこと
実質公債費比率	18% 以上	18% 未満
将来負担比率	—	350%以下 （早期健全化基準と同じ）
資金不足比率	10% 以上 （地方公営企業の場合）	—

静岡県においては、届出制度を活用する団体数は多くない状況ですが、効率的な事務処理が可能になるなどメリットもあり、有効な手段であると捉えています。

【令和元年度実績】 5 市町／ 15 事業／ 19 件（協議・届出全体の約 1.5%）

具体的事例：

事業名	件数	届出額
学校教育施設等整備事業	4 件	119.9 百万円
下水道事業	3 件	791.2 百万円
地方道路整備事業	2 件	86.4 百万円
防災対策事業	2 件	20.9 百万円
緊急防災・減災事業	2 件	77.1 百万円
その他事業	6 件	855.8 百万円
計	19 件	1,951.3 百万円

●返還

Q 128 補助事業における国庫返還時の起債処理

地方債を充てていた国庫補助事業が、交付決定を取り消され、国に補助金返還を行った場合、地方債をどう処理すべきか。

●関係法令

補助金等に係る予算の執行の適正化に関する法律17～18条、地方交付税法19条

A 市町村で実施する事業には、国庫補助事業や地方単独事業があり、地方債を財源に充当するか否か、その地方債が交付税算入対象となるか等、財源を確保する面でも様々なパターンがあります。

● 国庫補助事業

ここでは、国庫補助事業において、補助金の交付決定が決定当初にさかのぼって取消しとなり、併せて、補助金の交付を前提として発行した起債の繰上償還が求められた場合の対応を検討します。

補助金の交付決定が取消しとなった場合、補助金の返還及び加算金の支出に加え、①今回の事例のように市町村負担分に充てていた地方債の借入額をまとめて返済する「繰上償還」が求められる場合もあり、大きな財政負担が発生することになります。また、②繰上償還が求められた場合は交付税の錯誤措置が必要になります。

(1) 繰上償還について

地方債は、対象となる事業によって借入先が異なり、繰上償還の有無は借入先の個別判断にもよると思いますが、交付決定が取消しになった場合は、当初から同意等の理由が存在しなかったものとして、繰上償還

を求められる可能性が高いと思われます。

この繰上償還の対象の借入れが、他の事業との一括借入れであった場合は、対象事業分の借入金額を確認していく必要があります。

⑵　交付税の錯誤措置について

交付決定の取消しにより繰上償還が求められた場合は、交付税算入を将来にわたり取り止めるとともに、過去５年間（起債の借入れが５年以内の場合は、算入初年度まで）にわたり錯誤措置(注)が必要となります。

交付決定の取消しにより、予定していなかった国庫補助金の返還、起債の一括繰上償還及び交付税の返還など多額の支出が発生することとなり、自治体の財政に大きな負担が発生します。適切な補助金執行に十分留意しましょう。

（注）　錯誤措置：過去の普通交付税の算定に誤りが確認された場合の修正処理で、算定年度を含む５年度内の誤りについて、増額・減額にかかわらず行われる。錯誤額は、翌年度の交付税算定額に対して加減される。

●繰上償還

Q129 償還期間内での施設一部更新における繰上償還

5年前に起債をして体育館を建設したが、地方債の償還が完了する前に、施設の一部である照明設備と空調設備を更新する必要が生じた。既存の照明・空調設備の撤去に際して、繰上償還が必要となるか。

●関係法令

地方財政法5条の3、令和2年度地方債同意等基準、令和2年度地方債同意等基準運用要綱

A 地方債を充当して建設した建物が滅失した際、繰上償還が必要な場合がありますが、質問のケースは建物の滅失には当たらず、繰上償還を行うべき事由には該当しません。

●　本ケースの場合

5年前の地方債は、照明設備や空調設備を含む「体育館の建設事業」に充当するために起こしたものであり、個々の設備の設置のために起こしたものではありません。また、今回撤去する照明設備及び空調設備分を分けて繰上償還額を算出することは実務上も難しく、照明設備及び空調設備分のみを抜き出して繰上償還を行うことは現実的ではありません。

さらに、令和2年度地方債同意等基準運用要綱第5の3「施設の転用」において、「地方公共団体が公共施設又は公用施設を転用する場合において、転用後の事業に要する経費が適債経費である限り、地財法上、繰上償還を行うべき事由には該当するものではない」とされています。施設

の利用目的を変更する「転用」でさえ繰上償還が不要であることを踏まえると、施設の利用目的が変わらない本件の場合においては、繰上償還が不要であると考えることができます。

なお、起債を充当して建設した建物等が焼失又は滅失したことなどにより、繰上償還が必要となる場合がありますが、その判断基準は借入先によって異なります。

5 地方公営企業

●経営戦略

Q130 公営企業における経営戦略の策定

総務省で策定を推進している公営企業における「経営戦略」とは何か。

●関係法令
地方公営企業法

A 総務省では、全ての公営企業に対して「経営戦略」の策定を求めています。では、なぜ経営戦略を策定する必要があるのでしょうか。具体的に見てみましょう。

● 経営戦略を策定する必要について

水道や下水道、病院等の公営企業は、地域において、住民の生活を支える重要な役割を担っています。しかし、人口減少により料金収入が低下していく中、高度経済成長期以降、急速に整備された社会資本が、今日、一度に、しかも大量に更新の時期を迎えつつあり、地方公営企業を取り巻く経営環境は非常に厳しいものとなっています。

こうしたことから、全ての公営企業において経営健全化の取組が求められており、経営基盤の強化と財政マネジメントの向上を図るため、総務省は令和２年度までに、全ての公営企業において、「将来にわたって安定的に事業を継続していくための中長期的な基本計画」である「経営戦略」を策定するよう要請しています。策定した経営戦略については、住民・議会に公開して議論の契機としていくことも求められています。

● 経営戦略の策定に当たって

長期的（50年程度）な財政試算を行った上で、健全な経営のために中長期的（今後10年程度）に何が必要かを考えることが重要です。

老朽化した設備の更新需要の増加に対して、一度に更新するのは困難ですが、更新する年度を分散して対応することや、場合によっては、料金の改定を検討することも必要となります。

なお、水道事業においては、厚生労働省が「簡易支援ツール」を公開していますので、これを用いて自らアセット・マネジメントを行い、実効性のある経営戦略を策定することは非常に有効な手法です。

また、経営戦略の策定後も、実際に計画どおりに戦略内容が進捗しているかどうかの評価を随時行うことで、公営企業の健全性の維持が可能となります。

さらに、経営戦略の策定を通じて、将来、一般会計から必要となる繰出金の規模等も明らかになるため、市町村全体の長期収支見通しとの調整にも留意していくこととなります。

●経営戦略

Q131 廃止・統合予定事業の経営戦略策定について

地方公営企業については、令和２年度までに経営戦略の策定を求められている。令和２年度以降に、簡易水道や集落排水等の廃止・統合を予定している場合であっても、この経営戦略を策定する必要があるか。

●関係法令

地方公営企業法

A ●「経営戦略」の策定要請

御承知のとおり、総務省は、令和２年度までに、全ての地方公営企業において、「将来にわたって安定的に事業を継続していくための中長期的な基本計画」である「経営戦略」を策定するよう要請しています。

これは、10年未満の近い将来に、簡易水道事業や集落排水事業等の廃止・統合を予定している団体についても例外ではありません。

そこで、長期的な財政試算を行い、単独では存続が困難であることを明らかにし、廃止・統合までの間、安定的に事業を継続するための方策を盛り込んだ経営戦略を策定することが求められます。通常は10年以上の期間での策定を求められますが、このような場合では例外的に10年未満の期間での策定が可能です。

● 廃止・統合の予定がある場合

ただし、例外として、民営化・民間売却等により、時期を明示して事業廃止が予定され、議会、住民に対してその旨の表明を行っている事業等については、「経営戦略」の策定を要しないこととされています。

廃止・統合を予定しているというだけでなく、①時期の明示と②議会・住民への表明がある場合にのみ策定を要しないことに留意が必要です。

【参　考】

・総務省ホームページに、「経営戦略ひな型様式」が公開されていますので、こちらを活用して策定することもできます。

・なお、事業を統合した際には、当然ながら経営戦略を見直すことが必要となります。

（総務省ホームページ）

http://www.soumu.go.jp/main_sosiki/c-zaisei/kouei_ryui.html

●地方公営企業法適用

Q132 公営企業における地方公営企業法適用の推進

公営企業を、地方公営企業法の適用事業とすると何が変わるのか。

●関係法令

地方財政法6条、地方公営企業法20条

A 地方財政法6条に基づき、地方公共団体が特別会計を設けて運営する事業が公営企業ですが、このうち、さらに地方公営企業法の適用を受ける事業は限定されています。

現在、国の要請により、下水道事業・簡易水道事業への地方公営企業法の適用が進んでいます。地方公営企業法の適用を受けると何が変わり、何をしなければいけないのでしょうか。

●　地方公営企業法の適用

公営企業は、地域の住民サービスを担う企業として、将来にわたって健全に経営していくことや、経営内容の透明性が求められます。

一方で、公営企業は、人口減少による料金収入の低下、設備の老朽化に伴う更新需要の増大といった危機にさらされています。

こうしたことから、地方公営企業法の適用を受けた事業については、経営基盤の強化や財政マネジメントの向上のために、民間企業と同じ財務諸表で経営状況を数値で把握が可能な、公営企業会計の適用（地方公営企業法の財務規定の適用）が義務付けられています。

これにより、損益・ストック情報を把握し、適切な経営計画を策定できるほか、企業間の経営状況の比較なども可能となります。

これまで、以下の６事業については、地方公営企業法により、公営企業会計の適用が義務付けられていましたが、これ以外の事業については、公営企業会計の適用は任意でした。

【参　考】　公営企業会計の適用が義務付けられている事業

水道事業、工業用水道事業、軌道事業、自動車運送事業、鉄道事業、電気事業、ガス事業

※電気事業のうち、発電事業を行うもので、出力が小規模のもの（総務省が定める基準未満のもの）等については、適用は任意です。

しかし、公営企業会計の適用が任意であった事業のうち、特に資産が増大・老朽化し、住民に不可欠なサービスとして定着している公共下水道事業及び簡易水道事業については、人口３万人以上の市町村において、平成31年度中の公営企業会計移行を、要請されました。

さらに、平成31年１月には、人口３万人未満の市町村の公共下水道事業及び簡易水道事業と、集落排水事業、公設浄化槽事業が新たに重点事業として位置付けられ、令和６年４月１日までの移行を要請されています。

また、重点事業以外の事業についても、できる限り公営企業会計に移行することが必要とされています。

6 土地開発公社

●土地開発公社

Q133 土地開発公社における役員の登記

土地開発公社の役員の中で、「代表権を有する者」として登記しなければならない者は誰か。

●関係法令

公有地の拡大の推進に関する法律（以下「公有地拡大推進法」という。）15条、16条、組合等登記令2条2項

A 公有地拡大推進法に基づき、土地開発公社は、役員として理事及び監事を置くこととされ、その代表権を有する者の氏名等を登記することとされています。ただし、代表権を有する者として登記が必要なのは理事のみとなります。

● 土地開発公社

土地開発公社（以下「公社」という。）が登記しなければならない事項は、①目的及び業務、②名称、③事務所の所在場所、④代表権を有する者の氏名、住所及び資格、⑤存続期間又は解散の事由を定めたときは、その期間又は事由の5項目と定められています（組合等登記令2条2項）。このうち⑤についてはあまり定めることはないと思われますので、通常は、①から④を登記することとなります。

さて、その上記④「代表権を有する者の氏名等」に該当するのは理事

であると解釈されます。「理事は、土地開発公社のすべての事務について、土地開発公社を代表する」（公有地拡大推進法16条5項）とされているためです。

● 監事の登記

ところで、公有地拡大推進法16条9項において、公社と理事との利益が相反する事項については、理事は代表権を有さず、監事が公社を代表するとされています。そこで、監事も公社を代表する可能性があることから、「代表権を有する者」として登記する必要があるのでしょうか。

公社の理事が複数いる場合、理事一人ひとりが代表権を有すると解されることから、理事のうち一人が公社との間で利益相反の状態になったとしても、他の理事が代わりに公社を代表すればよく、監事が公社を代表するのは理事全員と公社との間で利益が相反する時のみです。

仮にそのような事態になったとしても、監事が代表権を行使するのは同条同項で定められた事項であるため、登記がなくても第三者に対抗できると解されます。

以上のことから、監事を「代表権を有する者」として登記する必要はありません。

●土地開発公社

Q134 土地開発公社が保有する土地の賃貸の可否

土地開発公社が保有している土地を第三者に賃貸することは可能か。

●関係法令
公有地の拡大の推進に関する法律17条

A ● 土地開発公社

土地開発公社は、その保有する土地の有効活用の見地から、当該土地の賃貸を事業として行うことができます。ただし、保有土地の賃貸はその土地を本来の取得目的の用に供するまでの間のあくまで暫定的な措置であり、最初から公社が賃貸することを目的として土地を取得・造成することはできません。これは、地域の秩序ある整備を図るために必要な公有地となるべき土地等の取得及び造成その他の管理等を行うという土地開発公社の本来目的に照らし、賃貸目的での土地の取得及び造成はできないと解されるためです。

● 賃貸の条件

また、設立団体の依頼により取得した土地と公社の独自事業のために取得した土地とで、賃貸の条件は異なります。詳しくは、以下のとおりです。

⑴ 土地開発公社が設立団体から依頼され取得した土地を賃貸する場合

特に以下の点に留意して実施する必要があります(「土地開発公社の保

有土地の賃貸等の運用方針について」(昭和62年10月22日付け自治政第106号))。

・利用計画が決まっている場合には、賃貸の内容や期間が計画の妨げにならないようにすること。また、当面具体的な計画がない場合も、10年を超える長期に及ぶものや堅固な建物を建設する等、将来の計画の実施を阻害するような内容の賃貸は認められないものであること。

・賃貸の内容は、極力住民の福祉の向上に役立つものとなるよう努めること。

・賃貸の実施によって、土地開発公社の経理の健全性を損なう恐れがないようにすること。

⑵ 土地開発公社が独自の事業のために取得した土地を賃貸する場合

土地開発公社は定款にその業務を定めていれば、借地権を設定し業務施設、福祉増進施設等として賃貸することが可能となっています。しかし長期にわたり賃貸を行うことは、適切な処分機会を逃したり、事業資金である借入金の利子が膨らんだりすることから、土地開発公社の経営の健全性を損なうおそれがあります。この点については土地開発公社及び設立団体において慎重な判断が求められます。

7 その他

●財政措置

Q135 水道事業における財務会計システムの自治体クラウド化に係る財政措置

水道事業に関する財務会計システムにおいて、広域連携により複数の自治体で共同利用することを検討しているが、システム移行等に係る各市町村の経費負担については、財政支援の対象となるか。

●関係法令

特別交付税に関する省令附則7条6項14号

A ● 特別交付税措置について

現在、総務省が示している「自治体クラウド」とは、いわゆる基幹系5業務（「住民情報」「税」「国保」「年金」「福祉」）について、複数の自治体が情報システムを集約して共同利用することであり、この基幹系5業務を含んだシステム移行等に係る各市町村の負担経費が、特別交付税措置の対象となっています。

このため、基幹系5業務を含まない水道事業に限った財務会計システムのクラウド化への移行等に係る経費は、特別交付税措置の対象外となります。

なお、基幹系5業務のうちいずれかを自治体クラウド化する際に、水道事業に関する財務会計システムも併せて共同利用化する場合には、水道事業に関する財務会計システムの移行等に係る経費も特別交付税措置の対象となります。

● 特別交付税以外の財源措置について

令和元年度より、以下の財政支援措置が適用されることとなりました。

広域化に係る事業に対する地方財政措置として、地方負担額の１／２に一般会計出資債（交付税措置率60％）、１／２に水道事業債（交付税措置なし）が充当されます。

●交付金

Q136 地域活性化・生活対策臨時交付金の補助対象財産の処分

平成20年度に地域活性化・生活対策臨時交付金の補助対象となった建物の財産処分を検討しているが、どのような手続を行えばよいか。

●関係法令

補助金等に係る予算の執行の適正化に関する法律22条、同法施行令2条、地域活性化・生活対策臨時交付金制度要綱、総務省所管一般会計補助金等に係る財産処分について

A ● 地域活性化・生活対策臨時交付金

地域活性化・生活対策臨時交付金は、平成20年度2次補正予算で創設された交付金であり、所管省庁は内閣府ですが、交付対象事業に応じて、内閣府から各関係省庁に移し替えが行われ、交付事務は、移し替え先の各省庁ごとに実施しています（地域活性化・生活対策臨時交付金制度要綱第5、6）。

地域活性化・生活対策臨時交付金は、補助金等に係る予算の執行の適正化に関する法律の適用を受ける給付金として指定されているため（同法施行令2条1項84号）、当該交付金により取得し、又は効用の増加した財産を処分する場合には、各省各庁の長の承認を得る必要があります（同法22条）。

● 本ケースの場合

本事例の補助対象財産は、交付対象事業のうち、地方単独事業として

実施された事業により改修された建物及び備品であったことから、総務省に移し替えが行われ、交付されたものでした（地域活性化・生活対策臨時交付金制度要綱第４、５及び別表）。

したがって、財産処分の承認については、「総務省所管一般会計補助金等に係る財産処分承認基準（平成20年4月30日付け総官会第790号）」に基づき、総務大臣あてに財産処分の承認申請を行う必要があります。

なお、経過年数が10年以上である施設又は設備で、地方公共団体が社会経済情勢の変化に対応するため又は既存ストックを効率的に活用した地域活性化を図るために行う財産処分（有償譲渡及び有償貸付は除く。）などの包括承認事項に該当する場合で総務大臣へ報告があったものは、特例により承認があったものとして取り扱うものとされています（同基準第２の２）。

この場合であっても、事前に該当性の確認や国庫納付に関する条件の確認のため、総務省と事前に協議・調整する必要があります。

総務省との事前の協議・調整については、各都道府県に御相談ください。

第5章
交付税・地方税

1 交付税

●交付税

Q137 次年度の地方交付税の推計方法及び留意点

次年度の当初予算編成において、当市の財源で大きなウエイトを占める地方交付税の推計方法及び留意点を確認したい。

A ● 地方交付税の推計

地方交付税の推計に当たっては、国が公表する算定ルールの改正や地方財政計画（地方財政対策）、人口や宅地面積など統計数値の変動、さらには公債費・事業費補正の異動、地方税収の増減など様々な要因を考慮する必要があります。

例年12月頃に国が公表する翌年度の地方財政計画では、地方交付税総額や臨時財政対策債の伸び率とともに、主な増減要因等が示されます。これが翌年度の地方交付税予算額を推計する際の大きな目安となります。

なお、普通交付税の算定に用いる人口は、5年ごとに行われる国勢調査の数値を用います。また、宅地・田・畑の面積は前年度の「固定資産価格等の概要調書」の数値を用います。こうした統計数値の異動による影響は、今年度の普通交付税算出資料の数値を置き換えて試算することができます。

また、公債費・事業費補正の異動は、理論償還における算入の終了や据置期間の終了により需要額が大幅に増減するため、注意が必要です。

次年度の普通交付税を試算する際は、是非押さえておくべきポイントでしょう。

● 留意点

このほか、基準財政需要額においては、トップランナー方式や合併算定替の縮減が１年進むことによる減少額を推計する必要があります。

また、基準財政収入額においては、算定に用いる徴収率の見直し、地方税制の改正による影響額のほか、主要法人の決算予想にも注意が必要です。

なお、当初予算案を議会に上程した後も、例年２月上旬に総務省が公表する翌年度普通交付税の推計方法に基づき試算を行い、予算額と大きな乖離がないかを確認する必要があります。

●交付税

Q138 連携中枢都市圏の構成市町村に対する地方交付税措置

地方交付税において、連携中枢都市圏の中枢都市及び連携市町村に対してはどのような財政措置がされているのか。

●関係法令

普通交付税に関する省令10条20項、特別交付税に関する省令5条3項イの表56号

A 連携中枢都市圏形成の取組に係る経費として、普通交付税においては、連携中枢都市圏域内の直近の国調人口（令和2年度算定においては平成27年度国調人口）に応じた上乗せの算定がなされています。

また、特別交付税においては、連携中枢都市圏を構成する中枢都市及び連携市町村を対象として、当該年度の事業費に応じた算定が行われています。

●　普通交付税について（中枢都市が対象）

連携中枢都市圏構想推進要綱（平成28年4月1日付け総行市第31号総務省自治行政局長通知）に位置付けられた中枢都市について、連携中枢都市圏形成の取組に係る経費が算定されます。

具体的には、基準財政需要額の算定における地域振興費の普通態様補正Ⅰの係数の中で上乗せの算定がされています（圏域人口が75万人の場合、中枢都市に約2億円が措置されます）。

● 特別交付税について（中枢都市及び連携市町村が対象）

当該年度における「連携中枢都市圏の取組に係る経費」、「専門的知識を有する外部の人材の活用に要する経費」等の一部が算定の対象となっています。

例えば、「連携中枢都市圏の取組に係る経費」の特別交付税算定では、中枢都市については、人口及び面積を勘案した額（1.2億円程度）を上限に対象経費の一般財源に0.8を乗じて得た額が措置されます。連携市町村については、1,500万円を上限に対象経費の一般財源が措置されます（平成28年4月1日（最終改正平成30年11月21日）付け事務連絡総務省自治行政局市町村課通知）。

●普通交付税

Q139 地方交付税の算定方法等に係る国への意見申出制度の活用

普通交付税の算定においては、各地方公共団体の創意工夫（地方の頑張り）をインセンティブとしてもっと反映してほしい。こうした意見を国へ提出する制度、過去の採択意見・不採択意見の情報提供と合わせて、国への申出の仕方のアドバイスがほしい。

●関係法令

地方交付税法17条の4

A 地方交付税の算定方法については、地方交付税法で意見等の申出制度があります。過去の採択・不採択意見の情報、国への申出の仕方については、各都道府県に御相談ください。

●　過去の情報、国への申出の仕方

地方交付税法17条の4において「地方団体は、交付税の額の算定方法に関し、総務大臣に対し意見を申し出ることができる。」と規定されています。具体的には、毎年8月頃に総務省から「翌年度の普通交付税」及び「今年度の特別交付税」の算定方法に係る意見等の照会がありますので、県を通じて意見を申し出ることができます。

その際は、「対象となる行政事務の義務的性格」「関係する地方団体の数」「関係する行政経費の規模や地域差の程度」「財政需要の具体的内容、規模の明確性」「補正係数の算出に用いるべき客観的かつ信頼度の高い統計数値の存否」に留意した上で、特に「算定の簡素化など、地方交付税の算定方法の見直しに関する議論」を十分に踏まえて検討する必要があります。

また、法律事項となる補正係数の新設･廃止（地方交付税法13条５項の改正を伴うような内容）に係る意見はもちろんですが、申出に当たっては、具体的な算定方法の改正案を提示する必要がありますので、ご留意ください。

● 本ケースについて

本問についてですが､普通交付税における基準財政需要額の性格は｢全国的・普遍的な需要｣｢標準的な経費｣｢経常的な経費｣等ですから、個別の団体の創意工夫を算定に反映するよう求めるのは、ハードルが高いと思われます。

｢地域的又は一部の地方公共団体の需要｣を対象とした特別交付税の算定に対する御意見とされてはいかがでしょうか。

なお、総務省より提供された意見の一覧及び採択・不採択については各都道府県から各市町村に提供しており、総務省のホームページにも公表されています。

●特別交付税

Q140　特別交付税の算定対象事業の変更等

特別交付税について、県に報告した算定対象経費（年間見込額）が、その後の状況変化により大幅に減額（一部の事業は取りやめ）となった。このあと交付決定される特別交付税については返還する必要があるか。

●関係法令

特別交付税に関する省令２条２項、３条２項

A　特別交付税の算定に用いた対象経費の見込額と実績額の乖離については、原則として清算（返還）は不要です。ただし、事業そのものが未実施であった場合には、特別交付税に関する省令（以下「省令」という。）に基づき、前年度以前の過大算定分を修正する処理を行う必要があります。

●　特別交付税の算定

特別交付税の算定対象となる項目の中には、当該年度の事業費の見込額を計上するものがあります。これらについては、原則として総務省へ報告した見込額と、後年度に判明した決算や事業費の確定による数値の乖離を清算（返還）する必要はありません。

ただし、前年度以前の算定において、算定の基礎に用いた数値に誤りがあることなどにより、特別交付税が過大に算定されたと認められる場合には、当該年度の特別交付税の額から控除することと省令上規定されています（省令２条２項）。

特別交付税が過大に算定されたと認められるケースは、「普通交付税で

措置された額との重複計上」や「事業未実施による場合」等となっており、異動数値の大小にかかわらず判断されるものです。

こうした過年度における特別交付税の過大算定額については、過年度の算定に用いた資料の誤りに関する調（令和２年度は様式第52号）により、総務省に報告することとなっています。

●特別交付税

Q141 文化財保護のソフト事業に対する特別交付税措置の対象経費

文化財保護のソフト事業について、平成30年度から特別交付税措置がされているが、具体的にはどのような経費が対象となるか。

●関係法令

文化財保護法53条の２第１項、特別交付税に関する省令３条１項３号ロ

A 文化財保護法に基づき個別の文化財の保存活用計画を策定した市町村において、当該保存活用計画に基づき実施する事業のうち、地方負担事業又は国庫補助事業の地方負担分に係る経費の一部が、特別交付税措置の対象となります。

●　文化財保護のソフト事業に対する特別交付税措置の概要

文化財保護のソフト事業に対する特別交付税措置の概要は、「文化財の活用事業に係る特別交付税措置について（情報提供）」（平成30年４月12日付け文化庁長官官房政策課事務連絡）に記載されています。特別交付税措置を受けるには、文化財保護法に基づいた個別の文化財の保存計画を策定することが条件となっています。

なお、措置の対象となる事業の例としては、①公開活用（文化財等の公開、ホームページ等による情報発信、多言語化等）、②美装化（文化財の外観、内装等を美しく保ち、魅力を向上させる取組）に係る経費が想定されています。

2 市町村税

●総則

Q142 納付済の地方税の減免

災害を理由に地方税を減免するに当たり、既に納付している者は減免を受けることができないのは不公平だという意見があった。
納付済の地方税を減免し、還付することはできるのか。

●関係法令
地方税法323条、367条

A 納付済の地方税を減免し、還付することはできません。

● 地方税の減免

「地方税の減免とは、課税権者である地方団体が、その意思表示によって、いったん成立した納税義務を解除し、その全部又は一部を消滅させることをい」います(市町村税務研究会著『市町村税実務提要』(ぎょうせい))。

納税義務は、「納税義務者が、これに相当する税額を、金銭で支払うことによって、履行され、消滅することにな」ります（新井隆一著『税務用語辞典』（ぎょうせい）85頁)。

したがって、既納付分については、納付した時点で納税義務が消滅しており、後から地方団体が納税義務を解除する、すなわち減免することはできないものと考えられます。

これに伴い、還付することもできないと考えられます。

●固定資産税

Q143 固定資産台帳に記載された登記情報

ある民間事業者より、固定資産台帳に記載されている事項のうち、登記簿に記載されている事項について公文書開示請求がなされたが、登記簿に記載されている事項については、すべて開示しなければならないか。

●関係法令

地方税法22条

A● 公文書の開示について

地方税法22条により、地方税法の調査等に関する事務に従事している者又は従事していた者は、これらの事務に関して知り得た秘密を漏らし、又は窃用した場合は、２年以下の懲役又は100万円以下の罰金に処するとされています。

固定資産税務研究会編『固定資産税実務提要』（ぎょうせい）の第三章評価及び価格の決定の③固定資産課税台帳等に記載されている、「登記簿に記載されている事項の証明について」では、登記簿に記載されている事項は、何人も知ることができ、そもそも「秘密」に該当しないものであるから、法定されるまでもなく、市町村の判断に基づき第三者に対して証明しても差し支えないものであるとしています。

したがって、登記簿に記載されている事項については、「秘密」に該当しない以上、守秘義務を理由に開示を拒むことはできないと考えられます。

●固定資産税

Q 144 都市計画区域の線引きの見直しによる評価の見直し

都市計画区域の区域区分（いわゆる線引き）の見直しは、宅地の評価において、３年に１度の評価替えにおける据置年度の評価替え事由に該当するか。

評価替えにあたり考慮されるべき要件、要因等を確定する期日を価格調査基準日というが、３年に１度の評価替えにおける基準年度の評価替え作業において、価格調査基準日以降の都市計画区域の線引きの見直しは考慮すべきか。

●関係法令

地方税法 349 条 2 項 1 号

A ● 固定資産税の評価額の見直し

固定資産税の評価額の見直しは、３年に１度の基準年度に、１月１日を基準日として実施されるため、基準年度以外の年度の評価額は据え置きとすることとされています。

ただし、地方税法 349 条 2 項 1 号に掲げる事情（地目の変換、家屋の改築又は損壊その他これらに類する特別の事情）がある場合には、据置年度においても見直すことができます。

● 本ケースの場合

本問に関連し、総務省は以下のような見解を持っています。

・いわゆる線引きの見直しは、土地に内在する要因ではないため、地方税法 349 条 2 項 1 号の据置年度における評価事由には該当しない。

・原則として、価格調査基準日の価格を基準とするべきであり、考慮するべきではない。ただし、地域全体の価格に影響を及ぼさないと判断されるものについては、価格調査基準日以降の要素であっても考慮することができる。

以上のことから、都市計画区域の線引きの見直しは、据置年度の評価替え事由には該当しないと考えられます。

また、価格調査基準日以降の見直しについては、地域全体の中で他の評価への影響が限られるものであることが求められます。

●固定資産税

Q145 住宅宿泊事業の用に供されている土地に対する住宅用地特例の適用の判断基準

固定資産税制度においては、住宅政策上の観点から、住宅用地について、固定資産税の課税標準を軽減する特例措置（以下「住宅用地特例」という。）が講じられているが、住宅宿泊事業の用に供する家屋又はその敷地の用に供されている土地が、この住宅用地特例の対象となるか否かは、どのように判断すればよいか。

●関係法令

地方税法349条の3の2

A ● 住宅用地特例の適用

住宅宿泊事業（民泊）の用に供する家屋又はその部分の敷地の用に供されている土地については、住宅宿泊事業（民泊）の用に供されているという理由をもって、直ちに住宅用地特例が適用されないと判断することはできません。

● 判断のポイント

当該家屋又はその部分が住宅宿泊事業（民泊）の用に供されている場合であっても、当該土地に対する住宅用地特例の適用については、課税庁において、当該家屋又はその部分の実態に照らし、「人の居住の用に供する」ものといえるかどうかにより判断します。

なお、「人の居住の用に供する」とは、「特定の者が継続して居住の用に供する」ことをいうものです。

例えば、「特定の者に継続的に居住させることを目的として長期賃貸の募集が行われ、そのための管理が行われている家屋又はその部分」については、「人の居住の用に供する」ものに当たると考えられます。

●個人住民税

Q146 個人住民税における住所の認定

個人住民税において、国内の会社に勤務する人が、賦課期日現在、数か月間出張するため国外に転出している場合、翌年度の個人住民税について課税対象となるか。

●関係法令

地方税法294条、民法22条

A 賦課期日現在において、生活の拠点が国内に存在している場合は課税対象となり、国外にある場合は課税対象となりません。

●　課税対象について

賦課期日現在において「市町村内に住所を有する個人は、市町村民税が課される」ところ、「「住所」については、地方税法上特段の規定はなく、原則として民法に規定されている住所……すなわち……「生活ノ本拠」をい」います。

「生活の本拠とは、人の日常生活の状況、家族の生活の状況、家族との連絡の状況、職業、選挙権の行使の状況、住民基本台帳の記録の状況等……を総合してその中心をいうものと解されてい」ます。

以上のように、「住所の認定はすべての生活関係を総合し、個別的、具体的に判定しなければな」りません（自治省税務局編『住民税逐条解説』（地方財務協会）40頁、46頁）。

例として、「地方税法の施行に関する取扱いについて（市町村税関係）」（平成22年4月1日総税市第16号）には、以下のように示されています。

「施行地に住所を有するかどうかは、実質的に判断すべきであるから、たまたま出国した者であっても、その者の出国の期間、目的、出国中の居住の状況等から単に旅行にすぎないと認められる場合には、その出国中であっても、その出国前の住所があるものとして取り扱うこと。」

●個人市町村民税

Q147 インドネシア国籍の技能実習生に課する住民税

インドネシア国籍の技能実習生に課する個人住民税は、インドネシアとの租税条約に基づき全部又は一部が非課税となるか。

その場合、いくらまで非課税となるか。

●関係法令

地方税法294条、所得に対する租税に関する二重課税の回避及び脱税の防止のための日本国とインドネシア共和国との間の協定21条1項

A 所得割については総所得金額60万円まで、均等割については、本件実習生が非課税となる所得以外の所得を有しないとき、非課税となります。

● 本ケースの場合

本国は、インドネシアとの間に「二重課税の除去並びに脱税及び租税回避の防止」を図るため、「所得に対する租税に関する二重課税の回避及び脱税の防止のための日本国とインドネシア共和国との間の協定」を締結しています（財務省ホームページ）。

本租税条約は、住民税を直接対象とするものではありませんが、「租税条約の規定によって所得税を免除される外国府職員、教授、留学生等に係る住民税の取扱いについて」（昭和46年6月10日自治省第62号）において列挙されている租税条約については、住民税を対象とすることとしています。

本通達は本租税条約が締結される前に出されたものですが、同通達の趣旨に鑑み、本租税条約を含む同通達以後に締結された租税条約につい

ても適用することが適当であるとの総務省の見解が示されています。

本通達により「……租税条約の規定によって所得税を免除するものとされている外国府職員……の当該免除される所得に対しては、住民税を課税しないものとする。」とされているところ、本条約における「当該免除される所得」とは「年間60万円……を超えないもの」です。

したがって、所得割については総所得金額等60万円に課される分までは非課税となると考えられます。

また、均等割については、本通達より、本件実習生が「当該非課税となる所得以外を有しないときは、……非課税」となります。

●個人市町村民税

Q148 上場株式等の配当所得等に係る個人住民税の課税方式の選択に伴う医療費控除額の計算

上場株式等の配当所得等を有する納税者が、確定申告とは別に上場株式等の配当所得等に係る個人住民税の課税方式について申告不要制度を選択する個人住民税申告書を提出した場合、個人住民税の医療費控除の計算に用いる総所得金額等は、所得税と個人住民税で異なる金額となる。このとき、医療費控除額は申告不要制度を選択した上場株式等の配当所得等を除いた所得額で計算するのか。

●関係法令

地方税法32条2項、34条の2第1項、313条13項・15項

A● 住民税における医療費控除

住民税における医療費控除は、地方税法第34条の2第1項に基づき、本人や生計を一にする配偶者その他の親族のために前年中に支払った治療等に係る医療費の金額が一定の金額を超える場合に、前年中の総所得金額等から計算される金額の所得控除を受けることができます。

個人住民税の計算は、原則、同法32条2項により、所得税法の例によることとされています。

確定申告書が提出されている場合はそれを課税資料とし、個人住民税については、上場株式等に係る配当所得等は所得税と同様の課税方式が適用されているものとして計算されてきました。しかし、平成29年の税制改正により、提出された申告書に記載された事項その他の事情を勘案して、市町村長が課税方式を決定できることが明確化され、所得税計算では上場株式等に係る配当所得等を含め、個人住民税ではそれを含めな

いで計算する課税方式が選択できるようになりました。

● 本ケースでの場合

今回の医療費控除の計算をするに当たり、個人住民税の課税方式については、申告不要制度を選択する個人住民税申告書が提出されているので、個人住民税においては、上場株式等の配当所得等を除いた総所得金額等で計算することになります。

●固定資産税

Q149 農協の金融部門の事務所及び作業場の課税判断

農協の信用部門が使用する事務所及び農機具修理場（作業場）は非課税となるのか。

●関係法令

地方税法348条4項

A 地方税法348条4項により「農業協同組合及び農業協同組合連合会が所有し、かつ、使用する事務所及び倉庫に対しては、固定資産税を課することができない。」とされています。

● 事務所及び倉庫

また、昭和27年8月29日付け自丙税発第7号各都道府県知事あて自治庁税務局長通達において、「事務所及び倉庫」の範囲が示されています。

(1) 倉庫

これによると、「倉庫とは、当該組合又は連合会の行う業務に関連して特に設けられた物品の恒久的な貯蔵庫をいい（略）」とされていることから、農機具修理場（作業場）については、恒久的な貯蔵庫とは言えないため、課税対象となります。

(2) 事務所

一方、事務所については、静岡県が総務省に確認した以下の内容が参考となります。

Q．事務所とは、「当該組合又は連合会の行う事業に関連して庶務、会計等所謂現業に属さない総合的な事務を行う建物をいい（略）」（前掲通達）とされており、現業とは、「事務や営業などではなく、工場や作業場で行う労務」（デジタル大辞泉第二版）とされています。今回対象となっている信用部門は事務や営業の業務を行っていることから、事務所に該当するものとして、非課税としてよろしいですか？

Ａ．農協の行う金融事業は現業に属するものであり、非課税の適用はありません。よって、農協の信用部門が使用する事務所は、課税となります。

以上のことから、農協の信用部門が使用する事務所については、課税対象となると考えられます。

Q 150 固定資産税に関する不服申立制度

固定資産の価格について不服がある場合は、地方税法 432 条 1 項及び 434 条 1 項の規定により、固定資産評価審査委員会に審査を申し出ることによってのみ争うことができるとされているため、審査の申出を経ずに訴訟を提起することができないと解釈してよいか。

●関係法令

地方税法 432 条、434 条

A 「第 432 条第 1 項の規定により固定資産評価審査委員会に審査を申し出ることができる事項について不服がある固定資産税の納税者は、同項及び前項の規定によることによってのみ争うことができる。」とされています（地方税法 434 条 2 項）。

一方、「公務員が納税者に対する職務上の法的義務に違背して当該固定資産の価格ないし固定資産税等の税額を過大に決定したときは、これによって損害を被った当該納税者は、地方税法 432 条 1 項本文に基づく審査の申出及び同法 434 条 1 項に基づく取消訴訟等の手続きを経るまでもなく、国家賠償請求を行い得るものと解すべき」（最判平成 22 年 6 月 3 日民集第 64 巻 4 号 1010 頁）とされており、同条 2 項が国家賠償を否定する根拠となるものではないとしています。

以上のことから、固定資産の価格又は税額に係る不服審査の申出を経ない場合であっても、国賠法に基づき、固定資産税等の過納金相当額に係る損害賠償請求を行うことはできると考えられます。

●固定資産税

Q151 学校法人が設置する給食センターの固定資産税

幼稚園を運営する学校法人が、園舎外に新たに用地を取得し、園児に提供するための給食センターを建設した。当該センターの固定資産税は非課税となるか。

●関係法令

地方税法348条2項9号

A 地方税法348条2項9号は、「学校法人又は私立学校法第64条第4項の法人（以下この号において「学校法人等」という。）がその設置する学校において直接保育又は教育の用に供する固定資産」を非課税の対象として定めています。

「直接教育の用に供する」とは、「教科目の学習その他学校教育の目的とする教育活動が行われることを常態とすること」（地方財務協会『固定資産税逐条解説』94頁）を意味しています。また、判例でも「間接的又は一時的にそのような活動の用に供されることがあるというのでは足りず、また、それにおいて実施される活動の主たるものが上記のような活動であることを要するもの」（東京地判平成25年2月6日固定資産等賦課処分取消請求事件）と判断されています。

したがって、当該給食センターにおいて直接教育活動が行われていることが常態となっているのであれば、非課税となると考えられます。

Q152 税に関する収納を私人に委託できる範囲

自治法施行令158条の2では、地方税の収納が委託できるとされているが、延滞金については、地方税には含まれず私人への委託はできないと考えるべきか。

●関係法令

自治法施行令158条の2

A● 事務の委託について

自治法施行令158条の2第1項により、地方税については、地方公共団体の規則で定める基準を満たしている私人にその収入の事務を委託できるものとされており、地方税のコンビニエンスストアでの収納は、この施行令により収納代行業者に委託する形で行われています。

同条2項では、この委託を受けた者は、納税通知書その他の地方税の納入に関する書類に基づかなければ、地方税の収納をすることができないとされています。

また、地方税法において、地方税とは都道府県税及び市町村税を総称するものであり、いわゆる付帯金とされる督促手数料、延滞金、各種加算金及び滞納処分費を含まない特定の税目の本税を意味する場合があるとされています。

● 本ケースの場合

そこで、本件については、総務省の以下の考え方が参考となります（平成29年7月3日電話回答）。

自治法施行令158条の2に規定される地方税は、納税の通知があったもののみ私人への委託ができるものと解されます。ただし、延滞金については事前に前もって通知したものであれば委託が可能となります（督促状等で○月○日までの延滞金○○○円となっているものは収納可）。

本回答から、この場合の地方税は、特定の税目の本税としての意味ではなく、督促手数料、延滞金、各種加算金及び滞納処分費を含むものと解されます。

したがって、納税通知書その他の地方税の納入に関する書類に基づかなければ、地方税の収納をすることができないという点には注意する必要がありますが、延滞金等のいわゆる付帯金の収入を私人に委託することについては問題ないものと考えます。

3 ふるさと納税

●ふるさと納税

Q153 ふるさと納税における個人情報の利用

ふるさと納税において、寄附を受けたときに知り得た個人情報を利用して自治体がイベント開催等の情報を、当該各個人あてに発信するのは、個人情報の目的外使用にあたるか。

A 各市町村における個人情報の取扱いについては、それぞれの条例により規定されているものですが、個人情報保護法と同様に、取得時の目的以外での利用は禁じられていると思われます。

● 本ケースの場合

ふるさと納税の主旨から考えると、個人情報を取得する目的としては、寄附者に対して寄附金受領証明書を発行したり、お礼状を送付したりすることなどが考えられます。

例えば、後日、寄附金によって完成した事業の施設や構築物等のリーフレット等を送付することについては問題ないと考えられます。

質問のイベント開催等の情報を発信する場合については、自治体の委託を受けた事業者が無断で使用することは論外として、自治体が使用する場合でも、例えば、寄附を受ける際に情報提供の希望の有無を確認し、希望者だけに送付するなど、目的外使用と受け取られないよう慎重な対応が求められます。

●ふるさと納税

Q154 ふるさと納税ワンストップ申請書の住所

マイナンバーの本人確認書類等により、ワンストップ特例申請書記載の住所が住民票記載の住所と異なることが分かった場合は、どのように処理するべきか。

●関係法令

地方税法294条3項、附則7条

A ● 本ケースの場合

本件については、本県が総務省に確認した以下の内容が参考になります。

Q．地方税法附則7条6項4号及び13項4号に規定される「賦課期日現在における住所所在地」とは「住所」の意ではなく「居所」の意を含むものと解され、賦課期日現在の住民登録地が居所と異なる納税義務者であっても、地方税法294条3項の住登外課税の適用と同時にワンストップ特例を適用することに差し支えないと考えますが、その解釈でよろしいか。

A．法律上「賦課期日現在における住所所在地」には「居所」の意を含みません。「住所所在地」が住所地か居所かは分からないことから、住所地が書かれている前提で処理することになります。同法294条3項により、住民票記載の住所地ではない居所で住民税を課税されている者が、この居所で申請をした場合は、ワンストップの適用ができないため確定申告が必要となります。

この質問に対する回答の趣旨から、ワンストップ特例申請書記載の住所が住民票記載の住所地と異なることが分かった場合は、ワンストップの適用ができないものと考えられます。

なお、平成28年度からはワンストップ特例申請書に寄附者の個人番号を記載することとなっており、申請書と合わせて本人確認書類の添付が必要となるため、原則的には住民票記載の住所地での申請となります。

ウチではこうやってます！
自治体職員　現場のお悩み解決Q&A

令和３年１月20日　第１刷発行
令和３年３月30日　第２刷発行

編　著　静岡県市町行財政総合相談窓口

発　行　株式会社ぎょうせい

〒136-8575　東京都江東区新木場1-18-11
URL：https://gyosei.jp

フリーコール　0120-953-431
ぎょうせい　お問い合わせ　検索　https://gyosei.jp/inquiry/

〈検印省略〉

印刷　ぎょうせいデジタル株式会社

ISBN978-4-324-10926-7
(5108673-00-000)
〔略号：自治体お悩み〕